Black Book of Scrum.

La guía definitiva.

Leadership Evolves

by Max H Lucca

Editor and content creator: Max H. Lucca
Cover and interior design: Max H Lucca
Hoja de ruta del autor: www.linkedin.com/in/maxilucca
Contacto/ Sugerencias/ Telegram @maxhlucca
Hardcover - book ISBN: 9798873071166
Softcover - book ISBN: 9798873178056

CONTENIDO

3. Estructura del Scrum

- 3.1 El rol del Scrum Master

  - Responsabilidades y habilidades clave.

  - Superando desafíos comunes.

- 3.2 El Product Owner

  - Definiendo y priorizando del product backlog..

  - Colaboración con el equipo de desarrollo.

- 3.3 El development Team

  - Definición, capacidad y conformación.

- 3.4 Rol del Technical Leader

4. Artefactos en Scrum

- 4.1 Product Backlog

  - Estrategias para una gestión efectiva.

- 4.2 Sprint Backlog

  - Descomposición y asignación de tareas.

- 4.3 Incremento del Producto

  - El producto potencialmente entregable y su importancia.

- 4.4 La importancia de la transparencia en estos artefactos.

5. Desafíos y Soluciones Comunes

- ## 5.1 Resistencia a la Implementación de Scrum

  - Estrategias para superar la resistencia organizacional.

- ## 5.2 Escalado de Scrum

  - Enfoques para proyectos a gran escala.

6. Mejora Continua y Aprendizaje

- ## 6.1 Inspección y Adaptación Continua

  - Integrar la mejora continua en el ADN del equipo.

7. Casos de Estudio y Experiencias Personales

- ## 7.1 Armados de squads, planificación, ceremonial funcionales a cada proyecto.

8. Futuro de Scrum y Tendencias

- ## 8.1 Desarrollos Recientes en Scrum

- ## 8.2 Integración con Otras Metodologías Ágiles

  - Enfoques híbridos y complementarios.

9. Recursos y Herramientas

- 9.1 Lecturas Recomendadas: Libros, artículos y blogs.

- 9.2 Herramientas y Software

  - Recursos que facilitan la implementación de Scrum.

10. Conclusión

- 10.1 Reflexiones Finales

11. Acerca del autor.

Sumérgete en **"The Black Book of Scrum"** para descubrir los secretos del exitoso marco ágil de gestión de proyectos. Con la vasta experiencia del autor, este libro te guiará desde los conceptos fundamentales hasta las complejidades avanzadas de Scrum con descripciones en primera persona.

Diseñado para todos los niveles, ofrece historias reales de transformación empresarial del autor, herramientas prácticas y consejos aplicables.

El autor explora y comparte experiencias en las ceremonias fundamentales de Scrum, destacando la importancia de la planificación y ejecución de equipos multidisciplinarios, relaciones con la triada armada con el Product Owner y el Technical Leader. *Mi enfoque se centra en la creación y conceptualización de roadmaps y timelines, delineando estrategias para alcanzar objetivos claros y medibles. A través de anécdotas y lecciones aprendidas, ilustro cómo estas prácticas esenciales pueden optimizar la colaboración y potenciar el éxito en proyectos ágiles.*

Inspírate y equípate para liderar proyectos con eficacia, fomentar la colaboración y llevar a tu organización al éxito a través de la implementación exitosa de Scrum.

¡Haz de este libro tu guía indispensable para el éxito ágil!

Introducción

Bienvenidos al "**Black Book of Scrum**": mi guía definitiva para la implementación y maestría del marco ágil más destacado en el mundo de la gestión de proyectos. Black book, porque hago referencia a la "oveja negra" del scrum, bajo mis conocimientos y a lo largo de estas páginas, les compartiré mi profunda experiencia en la transformación de equipos y gestiones de proyectos, marcada por consistentes resultados positivos y donde también tengo mis fórmulas para poder llevar adelante los proyectos. Cada proyecto, cada sprint, cada equipo es un mundo distinto, variable y con una constante evolución.

Desde los orígenes del Agilismo hasta los rincones más avanzados del Scrum, los invitaré a explorar este fascinante mundo de la gestión. Compartiré cómo aplicar el Scrum en proyectos reales, detallando la formación de equipos multidisciplinarios que han alcanzado notables resultados en la construcción de productos.

Con casi dos décadas de práctica en proyectos de tecnología de la información y colaboraciones con empresas multinacionales, les brindaré una visión integral de la gestión de equipos de IT. Exploraremos la gestión híbrida en Scrum, la importancia de la transparencia tanto con el equipo como con los stakeholders, y la habilidad para adaptarse a cambios inesperados en la dirección del proyecto.

Descubrirán las ceremonias fundamentales del Scrum que proporcionan un patrón estructurado de reuniones y una comunicación activa con el equipo y los stakeholders. Desde la gestión de la demanda del producto hasta la construcción del desarrollo, evaluación de métricas, capacidad y cálculo de la velocity, aprenderán a planificar a largo plazo y a crear roadmaps alineados con los objetivos del producto y las estimaciones correspondientes.

A lo largo de estas páginas, les transmitiré las claves para mantener la cohesión del equipo, liderar en momentos de desvíos en el proyecto y construir una resistencia de rendimiento óptimos. Prepárense para adentrarse en un viaje que transformará su comprensión de Scrum y les brindará herramientas valiosas para la gestión efectiva de proyectos en el ámbito de la tecnología de la información.

¡Bienvenidos a la maestría en Scrum!

Descubriendo la Esencia del Agilismo

La agilidad trasciende más allá de ser simplemente una metodología; es una filosofía que redefine la manera en que concebimos, planificamos y ejecutamos proyectos. En mi experiencia, no se limita al ámbito profesional; la aplico en mi vida cotidiana como un estilo de organización que me permite abordar tareas de manera simultánea, optimizando así el tiempo disponible.

En los primeros capítulos de este libro, nos sumergiremos en las raíces del Agilismo, explorando desde los desafíos que condujeron al nacimiento del Manifiesto Ágil hasta la creación del marco Scrum por visionarios como Jeff Sutherland y Ken Schwaber. Esta guía nos permitirá comprender la génesis del Agilismo, cómo surgió y por qué se consolidó como una serie de estrategias para abordar proyectos de manera simultánea. A través de esta exploración, desentrañaremos los fundamentos que han transformado la gestión de proyectos y han influido en la manera en que enfrentamos no sólo los desafíos profesionales, sino también las demandas diarias de los objetivos a cumplir como para introducir conceptos del Agilismo.

Desglose de los Principios y Valores Fundamentales

Para captar de manera auténtica la esencia del Scrum, es imperativo adentrarse en sus principios y valores. Cada página de esta guía los guiará a través de los fundamentos de Scrum, desentrañando los misterios que yacen detrás de sus roles, eventos y artefactos. Compromiso, coraje, enfoque, apertura y respeto no son meramente palabras; constituyen los cimientos sólidos sobre los cuales se erige el éxito ágil. Estos valores trascienden el mero lenguaje, siendo pilares esenciales que impulsan la resolución efectiva de problemas y el logro de metas en el mundo ágil de Scrum. En mi guía, vamos a explorar cómo estas virtudes fundamentales se entrelazan con cada aspecto de Scrum, revelando cómo la adhesión a estos principios que son la clave para alcanzar el máximo potencial en la gestión de proyectos ágiles.

Desde lo Básico hasta lo Avanzado

Este libro va más allá de ser una guía sobre mi experiencia propia; se sumerge de manera exhaustiva en el fascinante universo de Scrum. Desde los eventos cruciales, como Sprint Planning y Daily Scrum, hasta la cuantificación del trabajo y su adaptación a los cambiantes estilos de liderazgo, cada capítulo ha sido meticulosamente diseñado. Su objetivo es llevar más allá de los conceptos básicos y proporcionar el conocimiento esencial necesario para enfrentar los desafíos de la gestión ágil.

Mi perspectiva proviene de haber transitado cientos de proyectos de diversos tamaños y características. Desde proyectos gestionados en meses hasta otros de años de duración, he enfrentado distintas envergaduras y problemas de infraestructura.. He trabajado con equipos diversos, desde aquellos más robustos hasta situaciones con diferentes actores en la construcción de productos. Esta amplia experiencia es la que ahora vuelco en estas páginas, brindando una guía sólida que va más allá de lo teórico y se nutre de situaciones reales y soluciones prácticas.

El Liderazgo en la Era Ágil

La gestión de proyectos trasciende más allá de simples estructuras y procesos; se trata de una compleja interacción humana. A medida que avanzamos en este libro, nos sumergiremos en cómo Scrum ha dejado su huella en los estilos de liderazgo, generando una transformación no solo en la manera en que los equipos trabajan, sino también en la forma en que los líderes desempeñan su rol. Explicaremos cómo esta metodología ágil no sólo redefine la gestión de proyectos, sino que también moldea la dinámica interpersonal y el liderazgo en el entorno laboral.

Cuantificando el Éxito: Métricas y Medición

En la esencia de Scrum, reside la constante búsqueda de mejora. A lo largo de este libro, se exploran métodos para medir el éxito en términos ágiles. Utilizaremos métricas como Velocity y Burndown Charts, convirtiéndolas en herramientas clave para impulsar una inspección y adaptación constante. Estas métricas no solo proporcionarán una visión cuantitativa del progreso, sino que también servirán como pilares para perfeccionar continuamente las prácticas y lograr un rendimiento óptimo en cada sprint y mejoras de performance en el equipo.

El Futuro de Scrum y Más Allá

A medida que el panorama de la gestión de proyectos sigue evolucionando, Scrum se mantiene al tanto de las transformaciones. En los últimos capítulos, nos sumergiremos en las tendencias emergentes, las adaptaciones más recientes y cómo Scrum se entrelaza con otras metodologías ágiles para afrontar los desafíos del mañana.

Esta guía no es simplemente una lectura; es tu compañero de confianza en la implementación y perfeccionamiento de Scrum. Está diseñado para ser marcado, subrayado y consultado una y otra vez a lo largo de tu viaje hacia la maestría ágil.

¡Iniciemos nuestra emocionante exploración en el universo del Scrum!

"En los orígenes del Agilismo, nació la respuesta a la rigidez de los procesos tradicionales, dando luz a una filosofía que celebra la flexibilidad, la colaboración y la adaptabilidad como piedras angulares de la gestión de proyectos."

1

Capítulo

Orígenes del Agilismo

A principios de la década de 2000, la industria del desarrollo de software enfrentó desafíos significativos que pusieron de manifiesto las limitaciones de los enfoques tradicionales de gestión de proyectos. Estos enfoques, caracterizados por procesos pesados, rigidez en la planificación y una atención excesiva a la documentación, se encontraron con una serie de problemas que generaron una verdadera crisis en el ámbito del desarrollo de software.

Contexto de Crisis en el Desarrollo de Software

Estancamiento de Proyectos

Los proyectos tradicionales, que a menudo seguían modelos de desarrollo en cascada, experimentaron estancamientos prolongados. La naturaleza lineal de estos enfoques dificulta la adaptación a cambios inevitables en los requisitos del cliente y en el entorno empresarial. Los plazos se alargaban, y la entrega de productos finales se veía afectada.

Aumento de Costos

La complejidad y la falta de flexibilidad de los modelos tradicionales contribuyeron a un aumento significativo en los costos de desarrollo. La rigidez en la planificación y la incapacidad para manejar cambios eficientemente llevaban a retrasos, lo que, a su vez, generaba un incremento en los costos asociados con la mano de obra, los recursos y la infraestructura.

Insatisfacción del Cliente

Quizás la señal más clara de la crisis fue la insatisfacción del cliente. A pesar de los esfuerzos y los recursos dedicados, los productos finales no cumplían las expectativas del cliente. La desconexión entre lo que se entregaba y lo que realmente necesitaban los clientes generaba frustración y llevaba a una pérdida de confianza en los equipos de desarrollo.

Cuestionamientos a los Métodos Tradicionales

Frente a estos desafíos, surgieron las primeras voces críticas dentro de la comunidad de desarrollo de software. Profesionales, líderes de proyecto y expertos empezaron a cuestionar la eficacia de los métodos tradicionales y a buscar alternativas que pudieran abordar de manera más efectiva los problemas inherentes a la gestión de proyectos.

Nacimiento del Agilismo como Respuesta a la Crisis

En este contexto de crisis, un grupo de expertos en desarrollo de software se reunió en febrero de 2001 en Snowbird, Utah. Estos pioneros, conscientes de la necesidad urgente de cambio, colaboraron para crear el Manifiesto Ágil. Este manifiesto no solo fue una respuesta a los problemas existentes, sino un compromiso con principios y valores fundamentales que redefinieron la forma en que se abordaban los proyectos de software. Este evento marcó el nacimiento oficial del Agilismo, un enfoque que prioriza la adaptabilidad, la colaboración y la entrega continua de valor como respuestas directas a los desafíos de la crisis en el desarrollo de software.

Principios y valores del Manifiesto Ágil

Principios del Manifiesto Ágil

El Manifiesto Ágil establece doce principios que sirven como guía fundamental para el desarrollo ágil de software. Estos principios representan un cambio de paradigma hacia una mentalidad más flexible y centrada en el valor del cliente. Entre los principales principios se encuentran:

1- Satisfacción del Cliente mediante la Entrega Continua de Valor:

El principal objetivo es entregar de manera continua y temprana productos que satisfagan las necesidades cambiantes del cliente, priorizando la satisfacción del usuario final.

2- Aceptar Cambios en los Requisitos incluso en Etapas Tardías del Desarrollo:

Se valora la flexibilidad para adaptarse a los cambios de requisitos, reconociendo que la capacidad de respuesta a la evolución del proyecto es esencial.

3- Entregar Software Funcional Frecuentemente:

La entrega constante de software operativo es prioritaria, permitiendo obtener retroalimentación temprana y garantizando la alineación con las expectativas del cliente.

4- Colaboración Constante con los Stakeholders:

La interacción continua con los stakeholders, incluidos los clientes y los equipos de negocio, es esencial para comprender y abordar eficazmente los requisitos y expectativas.

5- Construir Proyectos en Torno a Individuos Motivados:

Se reconoce la importancia de individuos motivados y capacitados, fomentando un entorno que les permita destacar y contribuir al éxito del proyecto.

6- Metodologías Efectivas de Comunicación Cara a Cara:

La comunicación directa y cara a cara se valora sobre la documentación extensiva, buscando evitar malentendidos y fomentar la claridad.

7- Software Operativo como Principal Medida de Progreso:

El progreso se mide principalmente por la funcionalidad operativa del software, destacando la importancia de la entrega de valor tangible.

8- Mantenimiento de Ritmo Constante Indefinidamente:

Se busca un ritmo de trabajo sostenible y constante, evitando el agotamiento y asegurando la calidad y la eficiencia a largo plazo.

Valores del Manifiesto Ágil

El Manifiesto Ágil también establece cuatro valores fundamentales que proporcionan una base sólida para la toma de decisiones y el enfoque general del desarrollo ágil:

1- Individuos e Interacciones sobre Procesos y Herramientas:

Se prioriza la colaboración humana sobre las herramientas y procesos rigurosos, reconociendo que la comunicación efectiva y las relaciones sólidas son fundamentales para el éxito.

2- Software Funcional sobre Documentación Excesiva:

Aunque se valora la documentación, se da mayor importancia a la creación de software funcional y operativo como medida tangible de progreso.

3- Colaboración con el Cliente sobre Negociación Contractual Rigurosa:

Se busca establecer relaciones de colaboración con los clientes y/o usuarios, promoviendo la adaptabilidad y la capacidad de respuesta sobre acuerdos contractuales rígidos.

4- Responder a Cambios sobre Seguir un Plan Preestablecido:

La capacidad de adaptarse a cambios es prioritaria en comparación con la rigidez de seguir un plan predefinido, reconociendo la naturaleza dinámica de los proyectos y los requisitos.

Estos principios y valores no solo definen el Agilismo, sino que también ofrecen una orientación esencial para aquellos que buscan adoptar un enfoque ágil en el desarrollo de software, promoviendo la agilidad, la adaptabilidad y la satisfacción del cliente como elementos fundamentales del proceso.

Evolución del Agilismo

La evolución del Agilismo es una historia fascinante que refleja la necesidad constante de adaptación y mejora en el desarrollo de software. A lo largo de las décadas, el Agilismo ha experimentado varias etapas clave que han dado forma a sus principios y prácticas.

Década de 1970: Principios Pioneros

- Los primeros principios ágiles comenzaron a tomar forma con el surgimiento de metodologías como "Scrum" en los años 70, propuesto por Hirotaka Takeuchi e Ikujiro Nonaka en un artículo de investigación que comparaba el desarrollo de productos con el juego de rugby.

Década de 1990: El Manifiesto Ágil

- En la década de 1990, las metodologías ágiles empezaron a ganar reconocimiento. Sin embargo, fue en el año **2001** cuando se formalizó el movimiento con la creación del **"Manifiesto Ágil"**. Diecisiete expertos en desarrollo de software se reunieron en Snowbird, Utah, y redactaron el manifiesto que establece los valores y principios fundamentales del Agilismo.

Desarrollo de Métodos Ágiles Específicos:

- Posterior al Manifiesto Ágil, se desarrollaron y popularizaron varias metodologías ágiles específicas, entre ellas, Scrum, Extreme Programming (XP), Kanban, y más. Cada una aportó enfoques únicos para la gestión de proyectos y el desarrollo de software.

Década de 2010: Escalado y Aplicación Más Allá del Desarrollo de Software:

- En la última década, se ha observado un aumento en la implementación de métodos ágiles a nivel empresarial y en diversos sectores más allá del desarrollo de software. La necesidad de escalar ágilmente para proyectos más grandes y organizaciones más extensas ha llevado al desarrollo de enfoques específicos de escalamiento ágil.

Innovaciones y Tendencias Actuales:

- La evolución del Agilismo continúa con innovaciones y tendencias actuales. La integración de prácticas ágiles con la inteligencia artificial, la automatización y la gestión del cambio están dando forma a la próxima fase de desarrollo ágil.

En resumen, desde sus inicios en la década de 1970 hasta la actualidad, el Agilismo ha evolucionado de ser un conjunto de principios pioneros a convertirse en un enfoque dominante y altamente valorado en el desarrollo de software y la gestión de proyectos. Su capacidad para adaptarse a las cambiantes necesidades de la industria y su enfoque en la entrega de valor continua lo han convertido en una metodología esencial en el panorama actual de desarrollo empresarial.

Desarrollo de las metodologías ágiles a lo largo del tiempo.

A lo largo del tiempo, las metodologías ágiles han experimentado un desarrollo constante, evolucionando para abordar desafíos específicos y adaptarse a diferentes contextos y sectores. Aquí hay un vistazo a cómo se han desarrollado a lo largo del tiempo:

Década de 1970-1980: Orígenes Pioneros

- **Scrum:** En la década de 1970, Hirotaka Takeuchi e Ikujiro Nonaka propusieron el término "Scrum" en un artículo de investigación que comparaba el desarrollo de productos con el juego de rugby. Este enfoque destacaba la flexibilidad y la adaptabilidad, y sentó las bases para la metodología Scrum que conocemos hoy.

Década de 1990: Precursores del Manifiesto Ágil

- **Extreme Programming (XP):** Desarrollada por Kent Beck a mediados de la década de 1990, XP propuso prácticas como la programación en parejas, pruebas unitarias continuas y la simplicidad como respuesta a la complejidad del desarrollo de software.

Año 2001: Manifiesto Ágil

- **Manifiesto Ágil:** En febrero de 2001, diecisiete expertos en desarrollo de software se reunieron y redactaron el Manifiesto Ágil. Este documento estableció los valores y principios fundamentales del Agilismo, proporcionando una base unificada para las metodologías ágiles que vendrían después.

Post-Manifiesto Ágil: Diversificación y Especialización

- **Kanban:** Originario de prácticas utilizadas por Toyota, Kanban se popularizó como una metodología ágil a fines de la década de 2000. Se centra en la visualización del trabajo y la optimización continua de los flujos de trabajo.

- **Lean Agile:** Inspirado en los principios Lean, este enfoque combina la eficiencia Lean con los principios ágiles para mejorar la entrega de valor y reducir desperdicios en el desarrollo.

Década de 2010: Escalado Ágil y Enfoque Empresarial

- **Escalamiento Ágil:** A medida que las organizaciones adoptaron metodologías ágiles, surgieron enfoques específicos para escalar ágilmente, como SAFe (Scaled Agile Framework), LeSS (Large-Scale Scrum) y Nexus, para gestionar proyectos más grandes y equipos distribuidos.

- **Agile Beyond IT:** Las metodologías ágiles comenzaron a extenderse más allá del ámbito del desarrollo de software, aplicándose con éxito en áreas como marketing, recursos humanos y gestión de proyectos no técnicos.

Actualidad: Integración con Tecnologías Emergentes

- **Agile 2.0:** Se han propuesto enfoques evolucionados que integran las prácticas ágiles con tecnologías emergentes como inteligencia artificial, aprendizaje automático y automatización para mejorar la eficiencia y la capacidad de respuesta.

- **Ciberseguridad Ágil**: La seguridad ha sido un enfoque creciente en el desarrollo ágil, con la integración de prácticas ágiles en la gestión de la ciberseguridad para abordar amenazas de manera más ágil y proactiva.

Las metodologías ágiles han pasado de ser enfoques pioneros a constituir un conjunto diversificado de prácticas y marcos utilizados en una amplia variedad de industrias. Su evolución continua refleja la adaptabilidad inherente del Agilismo y su capacidad para enfrentar los desafíos cambiantes en el desarrollo de proyectos y la gestión empresarial.

Impacto en la industria y la gestión de proyectos.

El impacto del Agilismo en la industria y la gestión de proyectos ha sido significativo y transformador. A medida que las organizaciones adoptan metodologías ágiles, se han producido cambios notables en la forma en que se conciben, planifican y ejecutan proyectos. Aquí hay algunos de los impactos clave:

1. Entrega de Valor Continua:

- **Antes del Agilismo**: Los enfoques tradicionales a menudo resultaban en largos ciclos de desarrollo con entrega única al final del proyecto.

- **Con el Agilismo**: Se prioriza la entrega de valor incremental y continua, permitiendo que los clientes obtengan beneficios tangibles en etapas tempranas del proyecto.

2. Adaptabilidad a Cambios:

- **Antes del Agilismo**: Los cambios en los requisitos eran difíciles y costosos de implementar una vez que el proyecto estaba en marcha.

- **Con el Agilismo**: La flexibilidad es una característica central. Los cambios en los requisitos son bienvenidos incluso en etapas avanzadas, permitiendo una adaptación continua a las necesidades cambiantes del cliente.

3. Enfoque en la Colaboración:

- **Antes del Agilismo**: La comunicación con el cliente y entre los miembros del equipo a menudo estaba formalizada y limitada.

- **Con el Agilismo**: La colaboración continua es clave. La comunicación cara a cara y la interacción directa con los stakeholders fomentan la comprensión y la toma de decisiones más efectivas.

4. Gestión Ágil de Proyectos Empresariales:

- **Antes del Agilismo**: Los enfoques ágiles eran predominantemente utilizados en proyectos de desarrollo de software.

- **Con el Agilismo**: Las metodologías ágiles se han expandido a áreas empresariales como marketing, recursos humanos y gestión de proyectos no técnicos.

5. Enfoque en Equipos Empoderados:

- **Antes del Agilismo**: La toma de decisiones estaba centralizada, y los equipos a menudo seguían órdenes de arriba hacia abajo.

- **Con el Agilismo**: Los equipos ágiles son autoorganizados y empoderados, tomando decisiones que afectan directamente al desarrollo del proyecto.

6. Mejora Continua y Retroalimentación:

- *Antes del Agilismo*: La mejora continua no era una parte central de los procesos de desarrollo.

- **Con el Agilismo**: La retroalimentación constante y las ceremonias como la retrospectiva permiten la identificación y corrección proactiva de problemas.

7. Escalado Ágil para Grandes Proyectos:

- *Antes del Agilismo*: La aplicación de enfoques ágiles a proyectos grandes y complejos era desafiante.

- **Con el Agilismo**: Se han desarrollado marcos de escalado ágil (SAFe, LeSS, Nexus) para gestionar eficazmente proyectos a gran escala y equipos distribuidos.

8. Cambio Cultural y de Liderazgo:

- *Antes del Agilismo*: La cultura organizacional y los estilos de liderazgo eran a menudo jerárquicos.

- **Con el Agilismo**: Se fomenta un cambio hacia una cultura colaborativa y de liderazgo distribuido, donde el Scrum Master actúa como facilitador y el liderazgo se comparte.

9. Enfoque en la Satisfacción del Cliente:

- *Antes del Agilismo*: La satisfacción del cliente podía quedar en segundo plano ante la adherencia a planes preestablecidos.

- **Con el Agilismo:** La satisfacción del cliente es la medida primaria de éxito, impulsando la entrega continua de valor al cliente.

El Agilismo ha influido en la industria y la gestión de proyectos al proporcionar un enfoque más ágil, adaptable y centrado en el cliente. A medida que las organizaciones continúan adoptando y evolucionando prácticas ágiles, el impacto sigue transformando la forma en que se conciben y ejecutan proyectos en la actualidad.

2
Capítulo

Fundamentos de Scrum

Principios Básicos

Scrum se basa en varios fundamentos clave que proporcionan los principios y prácticas fundamentales para guiar el desarrollo ágil de productos bajo un marco simple de trabajo para los equipos y empresas que aporten valor agregado a los desarrollos del producto en cuestión. Siempre me propuse trabajar en equipo, ya desde que era muy chico comenzando con los deportes que siempre practique deportes de equipos hasta en lo profesional, creo que hay una visión en mí que me ordena, me nutre y sin embargo tengo la satisfacción de compartir. Dentro del lado profesional y en el marco Scrum denominé 3 pilares fundamentales dentro de los equipos para la conducción de la construcción del producto, los detallo debajo.

Los Roles de Scrum bajo 3 pilares:

1. **Product Owner:**

   El rol del Product Owner, bajo mi experiencia y como siempre quise trabajar y entablar una relación y comunicación constante, abarca una responsabilidad crucial al representar las necesidades y expectativas tanto del cliente como del negocio dentro del marco Scrum.

   Este profesional desempeña un papel fundamental al analizar minuciosamente y priorizar el backlog del producto, actuando como el puente vital entre los stakeholders y el equipo de desarrollo. La toma de decisiones estratégicas sobre qué características implementar y en qué orden, se convierte en una tarea central, y su capacidad para articular la visión global del producto es esencial para el éxito del proyecto.

En colaboración estrecha con el Scrum Master, el Product Owner contribuye significativamente a la ejecución del roadmap, asegurando que las prioridades del negocio se alineen con los objetivos del equipo y del proyecto en su conjunto. La coordinación efectiva entre estos dos roles resulta esencial para mantener un enfoque armonizado y maximizar la eficiencia en la entrega de valor.

Además, el Product Owner colabora estrechamente con los analistas para definir las características funcionales del producto. Esta colaboración implica una comprensión profunda de los requisitos del usuario y del negocio, permitiendo la traducción de estas necesidades en funcionalidades concretas que aporten un valor tangible al cliente. La capacidad de comunicar de manera efectiva las prioridades y requerimientos garantiza una alineación precisa entre la visión del producto y su desarrollo práctico.

En última instancia, el Product Owner desempeña un papel central en la toma de decisiones que afectan directamente la dirección y el éxito del proyecto Scrum, contribuyendo de manera invaluable a la entrega continua de productos que satisfacen las necesidades del cliente y cumplen con los objetivos comerciales.

2. **Scrum Master y su development Team:**

En mi experiencia, el rol del Scrum Master ha demostrado ser pieza central para el éxito de proyectos ágiles al facilitar el proceso Scrum de manera integral. Este profesional ejerce una influencia significativa durante todas las ceremonias de Scrum, desde la planificación hasta las revisiones y retrospectivas. Actúa como el guía maestro que lidera la orquestación de estas ceremonias, asegurando que se realicen de manera efectiva y cumpliendo su propósito de mejorar continuamente el proceso de desarrollo.

Un aspecto esencial de la función del Scrum Master es la medición de métricas clave, como la velocidad del equipo, lo cual proporciona una visión cuantitativa del rendimiento del equipo a lo largo de los sprints. Además, este profesional está dedicado a la identificación y eliminación de obstáculos que puedan obstaculizar el progreso del equipo. Ya sea resolviendo problemas que bloqueen tareas al equipo, abordando conflictos internos o asegurando el cumplimiento de prácticas ágiles, el Scrum Master trabaja incansablemente para garantizar que el equipo pueda concentrarse en su trabajo de desarrollo de manera ininterrumpida.

La gestión activa del Scrum Master también se extiende a la implementación y seguimiento de las prácticas ágiles a lo largo del tiempo. Esto implica garantizar la coherencia y la adhesión a los principios ágiles de sprint a sprints, fomentando así un crecimiento continuo en la performance del equipo. En mi experiencia, he observado cómo la presencia de un Scrum Master comprometido ha influido directamente en la mejora de los entregables del equipo, creando un ambiente propicio para la innovación y la resolución eficiente de problemas.

En cuanto a la interacción con el Equipo de Desarrollo, el Scrum Master trabaja en estrecha colaboración con profesionales que abarcan desde desarrolladores hasta los Quality Assurance (QA's). Además, en situaciones que involucran departamentos satélites, cross células, trabajando de manera cruzada en proyectos, el Scrum Master se convierte en un facilitador crucial. Su intervención es vital para abordar y mejorar temas transversales, desbloquear obstáculos y, cuando es necesario, redefinir flujos de trabajo para maximizar la eficiencia y la sinergia entre los equipos. En resumen, el Scrum Master desempeña un papel dinámico y esencial en el proceso ágil, contribuyendo directamente a la salud y al rendimiento continuo del equipo y, por ende, al éxito general del proyecto.

3. **Technical Leader:**

Dentro de un marco ágil, como Scrum, el Technical Leader es un rol clave que se enfoca en liderar y guiar las actividades técnicas dentro del equipo de desarrollo. Su función principal es proporcionar dirección técnica, asesorar en decisiones relacionadas con la implementación y garantizar la integridad y calidad del código. Aunque el Scrum Master se centra más en la facilitación y eliminación de obstáculos, el Technical Leader se sumerge más profundamente en los aspectos técnicos del desarrollo.

Mi enfoque para liderar un equipo de desarrollo se basa en establecer una sólida tríada, tridente como solíamos llamarlo en algunas empresas, conformada por tres roles fundamentales en Scrum: **el Product Owner, el Scrum Master y el Technical Leader.** Considero que esta tríada es esencial para una gestión integral del equipo y la construcción exitosa de proyectos.

En esta tríada, cada rol desempeña una función clave y colabora estrechamente con los otros dos. El Product Owner se centra en definir y priorizar el backlog del producto, asegurándose de que el equipo trabaje en las características más valiosas para el cliente. El Scrum Master actúa como facilitador, eliminando obstáculos y garantizando que el equipo siga las prácticas ágiles de Scrum de manera efectiva. Por último, el Technical Leader lidera las decisiones técnicas, revisa la calidad del código y orienta al equipo en aspectos técnicos cruciales.

La colaboración entre estos tres roles se basa en una visión compartida, donde cada uno comprende claramente su función y aporta su experiencia al proceso. Fomento un ambiente de intercambio de opiniones, comunicación abierta, tolerancia a las ideas diversas y transparencia en todas las etapas del desarrollo.

Esta tríada no solo asegura una gestión equilibrada, sino que también facilita la implementación exitosa de las prácticas de Scrum. Al trabajar de la mano, estos tres roles contribuyen al éxito del equipo al abordar tanto los aspectos técnicos como los procesos ágiles, generando así un entorno propicio para la innovación, la eficiencia y la entrega de productos de alta calidad.

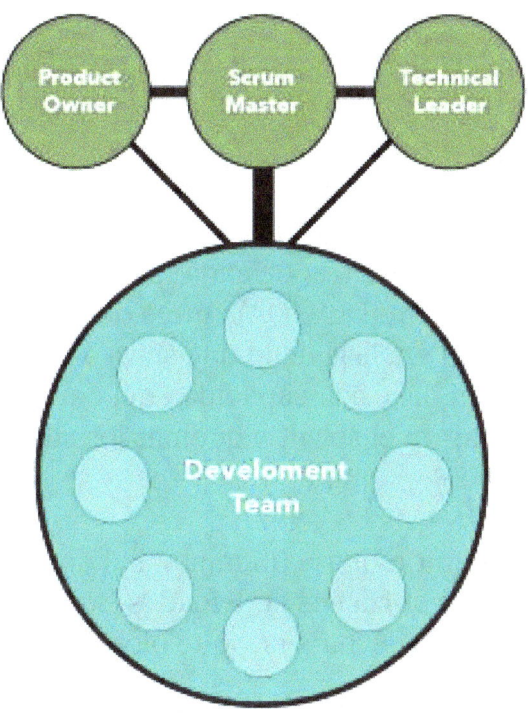

!MG1.La triada + Development Team.

Eventos de Scrum:

Sprint:

Un periodo de tiempo fijo (generalmente de 2 a 4 semanas, dependiendo del producto a construir y cómo planificar su desarrollo y entregables), durante el cual se crea un incremento del producto. Es donde se contiene a las ceremonias del Scrum.

Planificación del Sprint:

Define el trabajo a realizar durante el Sprint. En la planificación se ven los temas a tomar en el sprint y se realizan las asignaciones de cada tarea a cada integrante del development team (DEV+QA). Antes de la planificación el scrum tiene un análisis de lo que se va a planificar, de lo estimado, y en base a la capacidad del equipo se asignan las tareas a tomar en el sprint y quemar los story points.

Daily Scrum:

Una breve reunión diaria (15 min max.) donde el equipo de desarrollo sincroniza sus actividades, se ven el status, del ¿qué hice?, ¿qué voy hacer?, ¿qué bloqueantes tengo?.

Refinamiento:

Considero que esta ceremonia es una de las más significativas. Durante este proceso, se realiza una preparación minuciosa del sprint backlog en colaboración con el Product Owner. Se revisa detalladamente el Definition of Done (DOR) y se abordan preguntas y aclaraciones esenciales junto con el equipo, ya sean de índole funcional, técnica u otros aspectos que puedan surgir para garantizar un entendimiento completo de las tareas que llevará a cabo el development team.

Es crucial que las historias de usuario se presenten con una claridad excepcional para evitar cualquier ambigüedad y asegurar que el equipo llegue a la planificación con un backlog bien estructurado, priorizado y estimado que pueda abordar cada tarea y no se presente ningún bloqueante dentro del sprint. Más adelante, profundizaremos en la técnica de estimación de historias de usuario utilizando la escala Fibonacci.

Revisión ó Demo del Sprint:

Una reunión al final del Sprint para revisar el trabajo completado y ver los inconvenientes que sufrió el sprint que no se pudieron completar todos los objetivos. En ocasiones se muestra una demo de lo construido con el Negocio/ Cliente y/o Usuario y los integrantes del departamento de Producto presente.

Retrospectiva del Sprint:

Una sesión para reflexionar sobre el Sprint y planificar mejoras continuas. El Scrum Master se lleva los warning levantados por el equipo y se definen los action items a mejorar.

A continuación, les dejo unas notas personales en base a las ceremonias como las tengo siempre planificadas:

The Agile Scrum Frameworks

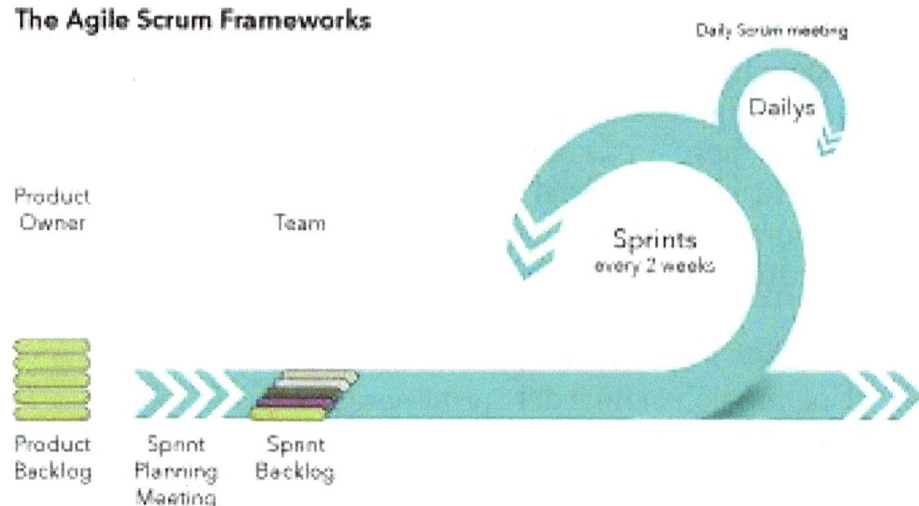

Ceremonies of Scrum

IMG2: Agile Scrum Frameworks

Artefactos de Scrum:

Product Backlog:

Una lista priorizada de todas las funcionalidades, mejoras y correcciones deseadas para el producto. Es trabajada por los analistas funcionales y el Product Owner dejando un backlog a priorizar y refinar por el equipo.

Sprint Backlog:

La lista de elementos seleccionados del Product Backlog para el Sprint actual. Se genera dentro de las ceremonias de refinamiento en los sprint en curso, generando una pre-planning sobre el backlog trabajado, y así poder llegar a la fecha de la planning con el sprint backlog más armado, refinado y estimado a ser entregado y presentado al equipo.

Incremento del Producto:

El resultado potencialmente entregable del trabajo completado durante el Sprint. Si bien no todos los entregables pueden ser mostrados, si está la construcción del producto de sprint a sprints y en su sumatoria se prevé y planifica realizar una demo de lo que se va construyendo.

Principios de Scrum

La importancia de la transparencia, inspección y adaptación.

Transparencia:

La información siempre tiene que ser relevante, dentro de los equipos que siempre gestione era ley ser transparente en todo. Deben ser visibles para todas las partes interesadas del equipo. Cuanta mayor transparencia, mejor agilidad de trabajo tendrá el equipo, de lo contrario se verán problemas que disminuya la capacidad de construcción del producto.

Inspección:

Cuando realizamos revisiones frecuentes de los artefactos y el progreso de los objetivos planificados deben ser inspeccionados con frecuencia para detectar problemas que nos bloqueen, desvíen o hay cambios repentinos el trabajo y nos cambie el norte del sprint, El scrum debe proporcionar cadencia dentro de las ceremonias que se lleva el sprint en curso e ir detectando posibles cambios, hay que generar adaptaciones del equipo al cambio y estar abierto a que pueda suceder.

Adaptación:

Se toman medidas para mejorar continuamente en base a la inspección regular. Considero que un producto al construirse sufre mejoras, cambios, y otras tomas de decisiones que conlleva a la adaptación de cambios dentro del equipo y cambios posibles del scope también.

Empirismo en Scrum:

En el contexto de **Scrum**, es crucial comprender que este marco se sustenta en los principios empiristas de *transparencia, inspección y adaptación*. Se reconoce que el conocimiento se forja principalmente a través de la experiencia, impulsando la toma de decisiones fundamentada en observaciones concretas. Esta filosofía no solo se aplica en la planificación y gestión de equipos multidisciplinarios en proyectos de distintos tamaños, sino que también abarca la gestión de situaciones tanto en proyectos más modestos como en iniciativas de gran envergadura a lo largo del tiempo. La acumulación de esta experiencia contribuye a un mayor conocimiento, permitiendo a los equipos posicionarse de manera más sólida frente a los desafíos inherentes a los proyectos. En consecuencia, la habilidad para tomar decisiones, respaldadas por esta riqueza de experiencias, se agiliza, permitiendo respuestas más rápidas y decisiones más acertadas en el devenir de los proyectos y equipos.

Priorización de Valor:

Scrum se distingue por su enfoque incansable en la entrega constante de valor al cliente. El ***Product Owner*** desempeña un papel central al priorizar el backlog del producto, realizando un análisis exhaustivo que abarca tanto aspectos funcionales como, en ocasiones, aspectos técnicos. Este proceso de priorización se realiza meticulosamente con la finalidad de discernir el valor intrínseco que cada elemento aporta tanto al cliente como al conjunto del negocio. La habilidad del ***Product Owner*** para tomar decisiones fundamentadas basadas en esta evaluación contribuye significativamente a la eficiencia y efectividad del desarrollo del producto en el ***marco Scrum***.

Equipos multidisciplinarios y su colaboración.

En el ***marco de Scrum***, los equipos de desarrollo se caracterizan por su ***composición multidisciplinaria***. Se espera de ellos una estrecha colaboración y la toma de decisiones colectivas para alcanzar los objetivos establecidos en el ***Sprint***. Este enfoque de trabajo colaborativo permite realizar estimaciones de manera más precisa, aprovechando la capacidad conjunta del equipo. En este contexto, **se descarta** la noción de desarrollos aislados para individuos; en cambio, **se fomenta** una cultura de apoyo mutuo, donde cada miembro contribuye al logro de los objetivos comunes. Esta colaboración no solo es esencial para la consecución de metas, sino que también sirve como base para la medición de métricas del equipo. La importancia de que los miembros se conozcan y trabajen como una unidad cohesiva no solo mejora el rendimiento del equipo, sino que también impacta positivamente en su velocidad de Sprint a Sprints, permitiendo ganar tiempo en el roadmap. Guiados por el **Scrum Master**, quien desempeña un papel crucial en mantener la eficacia del equipo, evaluar su capacidad para asumir más trabajo sprint a sprint y medir su velocidad, estos equipos están mejor posicionados para entregar de manera consistente un valor excepcional al producto.

En mi amplia experiencia y en los numerosos años que he dedicado a la gestión de proyectos y equipos multidisciplinarios, he llegado a comprender la esencialidad y escalabilidad de estos fundamentos en la aplicación efectiva de Scrum. Estos principios no solo actúan como un marco estructural, sino que representan la piedra angular para la agilidad y la adaptabilidad en el desarrollo de productos. En mi trayectoria, he sido testigo de la capacidad de estos fundamentos para permitir que los equipos entreguen valor de manera rápida y continua, estableciendo así una dinámica de trabajo eficaz.

Es importante resaltar que en la construcción de un producto, y especialmente al gestionar equipos cross-proyectos con diversas metodologías, entran en juego numerosos factores. La clave radica en establecer una comunicación excepcional y una planificación precisa entre los equipos, considerando las dependencias existentes. En este contexto, se vuelve imperativo analizar detenidamente los posibles bloqueantes, especialmente cuando un equipo no logra cumplir con los tiempos estimados.

La experiencia me ha enseñado que abordar estos desafíos con eficiencia requiere no solo la aplicación diligente de los principios de Scrum, sino también una gestión proactiva de las interdependencias y obstáculos que pueden surgir en un entorno complejo y dinámico.

Ser transparente, Inspeccionar y Adaptarse.

Desglose de los 12 principios del Manifiesto Ágil

El Manifiesto Ágil establece 12 principios que guían la implementación de metodologías ágiles en el desarrollo de software. Aquí están desglosados:

1. **Satisfacción del cliente mediante la entrega continua de software valioso:**
   Entregar software funcional de manera continua y regular, priorizando la satisfacción del cliente.

2. **Aceptar cambios en los requisitos, incluso en etapas avanzadas del desarrollo:**
   La capacidad de adaptarse a cambios en los requisitos, incluso en fases tardías del desarrollo, para brindar un mayor valor al cliente.

3. **Entregar software funcional frecuentemente, con preferencia a intervalos cortos:**

   Trabajar en ciclos cortos de entrega para obtener retroalimentación rápida y mejorar continuamente.

4. **Colaboración constante entre clientes y desarrolladores a lo largo del proyecto:**

   Fomentar una colaboración activa y continua entre los clientes y los desarrolladores para asegurar que los resultados se alineen con las expectativas del cliente.

5. **Construir proyectos alrededor de individuos motivados, dándoles el entorno y el apoyo necesario, y confiar en ellos para hacer el trabajo:**

   Empoderar y confiar en los miembros del equipo, proporcionándoles el entorno y el apoyo necesarios para que realicen su trabajo de manera efectiva.

6. **Uso cara a cara como el método más efectivo de comunicación:**

   Valorar la comunicación cara a cara como la forma más efectiva de intercambio de información dentro del equipo.

7. **Software funcional es la principal medida de progreso:**

   Medir el progreso del proyecto principalmente mediante la entrega de software funcional y de calidad.

8. **Desarrollo sostenible, capaz de mantener un paso constante:**

   Mantener un ritmo de desarrollo sostenible a lo largo del tiempo para evitar la fatiga y maximizar la eficiencia.

9. **Atención continua a la excelencia técnica y al buen diseño:**

   Priorizar la calidad técnica y el buen diseño como elementos fundamentales para garantizar la sostenibilidad del proyecto.

10. **Simplicidad, o la cantidad justa de trabajo no realizado, es esencial:**

    Valorar la simplicidad y evitar la incorporación de trabajo innecesario para maximizar la eficiencia y la claridad.

11. **Las mejores arquitecturas, requisitos y diseños emergen de equipos autogestionados:**

    Permitir que los equipos autogestionados tomen decisiones fundamentales sobre arquitectura, requisitos y diseño para optimizar el resultado final.

12. **A intervalos regulares, el equipo reflexiona sobre cómo ser más efectivo, ajustando y ajustando su comportamiento en consecuencia:**

    Implementar ciclos regulares de reflexión y mejora continua para ajustar y optimizar el enfoque del equipo en el tiempo.

12 principios basicos del Manifiesto Agil

IMG3: *Manifiesto Ágil*

Valores de Scrum.

Compromiso, coraje, enfoque, apertura, respeto.

Valores representativos del Scrum y como eje principal impactan positivamente en la cultura de los equipos.

Compromiso (Commitment):

Compromiso en Scrum se refiere a la dedicación y responsabilidad de cada miembro del equipo hacia los objetivos del proyecto. Los miembros se comprometen a cumplir con sus tareas, metas del sprint y contribuir al éxito general del proyecto.

Ejemplos en Equipos:

- Cumplir con las tareas asignadas dentro del sprint.

- Participar activamente en reuniones y eventos de Scrum.

- Colaborar con otros miembros del equipo para lograr los objetivos comunes.

Coraje (Courage):

El coraje en Scrum implica la valentía para tomar decisiones difíciles, admitir errores y enfrentar desafíos. Los equipos deben sentirse seguros para expresar opiniones y proponer cambios que beneficien al proyecto, escuchar, ser escuchados y tener apertura a cambiar y mejorar.

Ejemplos en Equipos:

- Admitir errores y aprender de ellos en las sesiones de retrospectiva.

- Proponer mejoras en los procesos, incluso si esto implica cambiar la forma de trabajo.

- Abordar problemas o conflictos dentro del equipo de manera directa y respetuosa.

Enfoque (Focus):

El enfoque en Scrum se relaciona con la concentración y la atención dedicada a las tareas y metas del sprint. Los equipos se centran en la entrega de valor al cliente y evitan distracciones que puedan alejarlos de sus objetivos.

Ejemplos en Equipos:

- Priorizar las tareas del backlog según su valor para el cliente.

- Evitar la multitarea excesiva para mantener una atención plena en las actividades actuales.

- Seguir el plan del sprint y ajustarse sólo cuando sea necesario.

Apertura (Openness):

La apertura en Scrum implica la transparencia y la disposición para compartir información de manera honesta. Los equipos abren canales de comunicación claros y comparten progresos, desafíos y aprendizajes de manera abierta.

Ejemplos en Equipos:

- Actualizar el tablero Scrum/Kanban de manera regular y visible para todos.

- Compartir impedimentos y buscar soluciones de manera colaborativa.

- Fomentar la retroalimentación abierta durante las sesiones de revisión y retrospectiva.

Respeto (Respect):

El respeto en Scrum implica reconocer y valorar las habilidades, opiniones y contribuciones de cada miembro del equipo. Se fomenta un ambiente donde todos se sientan respetados y escuchados.

Ejemplos en Equipos:

- Escuchar activamente las opiniones de los demás durante las reuniones.

- Valorar las habilidades y experiencias únicas de cada

miembro del equipo.

- Tratar los desacuerdos con respeto y buscar soluciones colaborativas.

Estos valores no solo delinean el ambiente de trabajo en los equipos Scrum, sino que también desempeñan un papel crucial en la forja de una cultura colaborativa y efectiva.

Esta cultura se nutre a diario y, como líder, resulta esencial mantenerla vibrante de sprint a sprints en el equipo. Es un proceso gradual que, al generar confianza, permite que la colaboración fluya de manera natural. Además, se crea un espacio donde los miembros pueden expresar tanto sus inquietudes laborales como personales. Este recordatorio refuerza la importancia de mantener sincronizaciones individuales con cada miembro del equipo, brindando apoyo, escucha activa y fortaleciendo las relaciones a nivel personal.

3

Capítulo

Estructura del Scrum

El rol del Scrum Master

Responsabilidades y habilidades clave.

El **Scrum Master** desempeña un papel esencial en el marco Scrum, actuando como facilitador y defensor del proceso ágil. Sus responsabilidades incluyen la eliminación de obstáculos que puedan obstaculizar el progreso del equipo, asegurando un ambiente propicio para la colaboración y el desarrollo efectivo. Además, el Scrum Master fomenta la autogestión del equipo, facilita las ceremonias de Scrum, mencionadas anteriormente, como las reuniones diarias y las retrospectivas, y actúa como un puente entre el equipo y las partes interesadas externas. Las *habilidades clave del Scrum Master* incluyen la empatía para comprender las necesidades y desafíos del equipo, la capacidad para resolver problemas y tomar decisiones rápidas, y una comunicación efectiva para asegurar una comprensión clara de los objetivos del proyecto. En resumen, el **Scrum Master es un líder servicial** que trabaja incansablemente para optimizar el flujo de trabajo, promover la mejora continua y asegurar el éxito del equipo en la implementación de Scrum.

Dentro de las ceremonias que lleva el Scrum Master con su equipo, debe hacer seguimiento de los problemas, ejecutar soluciones con toma de decisiones ó armando reuniones de stakeholders a temas que deben desbloquearse para poder seguir adelante con el sprint en cursos y no parar los desarrollos. Tratar de lograr los objetivos planificados para no generar retrasos en los sprints futuros.

Superando desafíos comunes.

El Scrum Master también se enfrenta al desafío de gestionar la rotación de personal en las células. Ya sea debido a cambios de empleo, bajo rendimiento de algún miembro del equipo (bad performance) o por razones desconocidas que llevan a la decisión de no continuar, estas situaciones impactan en la velocidad del equipo. Manejar la transición implica realizar un onboarding efectivo para el nuevo integrante, abordando aspectos del producto, tareas específicas y facilitando su integración en el equipo. Este proceso, que incluye la transferencia de conocimientos (Knowledge Transfer), demanda tiempo y una curva de aprendizaje que debe ser considerada. La gestión hábil de estos cambios es crucial, ya que puede influir en el alcance del proyecto y requiere una adaptabilidad constante por parte del Scrum Master para mantener la eficiencia del equipo.

El Scrum Master, a pesar de su papel crucial en la implementación de Scrum, también puede enfrentarse a diversas problemáticas en su función. Algunas de las dificultades comunes que puede encontrar incluyen:

Resistencia al Cambio: Introducir prácticas ágiles y Scrum puede encontrarse con resistencia por parte de algunos miembros del equipo o de la organización en general, lo que requiere habilidades para gestionar y superar la resistencia al cambio.

Dinámicas de Equipo Problemáticas: Conflictos internos, falta de comunicación efectiva o problemas de colaboración pueden afectar la eficiencia del equipo, y el Scrum Master debe intervenir para resolver estas dinámicas.

Impedimentos Persistentes: La identificación y eliminación de impedimentos que obstaculizan el progreso del equipo es una responsabilidad clave del Scrum Master. Pueden surgir impedimentos persistentes que requieren estrategias adicionales.

Falta de Comprensión de Scrum: Algunos miembros del equipo o partes interesadas pueden no comprender completamente los principios y prácticas de Scrum, lo que exige una labor educativa constante por parte del Scrum Master.

Desafíos de Escala: Al extender Scrum a proyectos más grandes o equipos distribuidos, el Scrum Master puede enfrentar desafíos adicionales para mantener la coherencia y la eficacia del marco de trabajo.

Presiones de Plazos y Entregables: Las expectativas de entrega rápida pueden generar presiones que afecten la calidad del trabajo y la adhesión a los principios ágiles. El Scrum Master debe equilibrar la velocidad con la calidad.

Colaboración con Otros Roles: La colaboración efectiva con el Product Owner y otros roles es esencial. Diferencias en la interpretación de los roles o malentendidos pueden afectar la dinámica del equipo.

Evaluación de Métricas y Mejora Continua: Interpretar y utilizar métricas ágiles para evaluar el rendimiento del equipo y guiar la mejora continua puede ser complejo y requiere habilidades analíticas y de toma de decisiones.

El Scrum Master debe abordar estas problemáticas con una combinación de habilidades de liderazgo, comunicación efectiva, resolución de problemas y adaptabilidad para garantizar el éxito del equipo y la implementación de Scrum.

"Enfrentando juntos los desafíos y abrazando las oportunidades de crecimiento, el Scrum Master lidera con dedicación, asegurando que cada cambio sea una oportunidad para fortalecer la unidad del equipo y avanzar hacia el éxito ágil."

El rol del Product Owner

Definiendo y priorizando el product backlog.

El rol del **Product Owner** en el marco Scrum es vital para la creación exitosa de productos. Su *función principal* consiste en *definir y priorizar el Product Backlog*, una lista dinámica que representa todos los elementos de trabajo necesarios para el producto. El Product Owner actúa como la voz del cliente, entendiendo sus necesidades y traduciéndose en requisitos claros y prioridades para el equipo de desarrollo. Al gestionar este backlog, el Product

Owner toma decisiones estratégicas que impactan directamente en la dirección del proyecto. Su habilidad para equilibrar las demandas cambiantes del mercado/ cliente/ usuarios, las expectativas del cliente y la visión del producto es fundamental para el éxito en la entrega continua de valor al cliente. En resumen, el Product Owner es el arquitecto de la visión del producto, guiando al equipo hacia el logro de objetivos y la satisfacción del cliente.

Problemáticas que puede enfrentar un Product Owner

El Product Owner, a pesar de su rol fundamental en Scrum, se enfrenta a diversas problemáticas a lo largo del desarrollo del producto. Algunas de las dificultades comunes incluyen:

Demandas Contrapuestas: El Product Owner debe equilibrar las necesidades y expectativas de diversas partes interesadas, como clientes, usuarios finales y el equipo de desarrollo, lo que a veces puede generar demandas contradictorias.

Cambios Constantes: En entornos dinámicos, las prioridades y requisitos del producto pueden cambiar rápidamente, requiriendo una adaptabilidad constante por parte del Product Owner para asegurar la entrega de valor.

Limitaciones de Tiempo: La gestión eficiente del tiempo es esencial, ya que el Product Owner debe participar en diversas actividades, como reuniones con stakeholders, elaboración y refinamiento del backlog, y toma de decisiones estratégicas.

Conocimiento Detallado del Producto: El Product Owner necesita un conocimiento profundo del producto y del mercado para tomar decisiones informadas. La falta de información detallada puede afectar la capacidad de establecer prioridades efectivas.

Comunicación efectiva: La comunicación clara y efectiva es crucial, ya que el Product Owner actúa como un puente entre el equipo de desarrollo y las partes interesadas. Problemas en la comunicación pueden llevar a malentendidos y desviaciones en el enfoque del producto.

Presiones para Entregar Rápido: Existe la presión constante para entregar resultados rápidamente. Esta presión puede afectar la calidad de la toma de decisiones y la capacidad para establecer una visión a largo plazo para el producto.

Priorización Difícil: Determinar qué características o mejoras son más cruciales para el éxito del producto puede ser un desafío, especialmente cuando hay recursos limitados y múltiples necesidades.

Afrontar estas problemáticas requiere habilidades de liderazgo, toma de decisiones efectiva y una comprensión profunda tanto del producto como de las dinámicas del equipo y del mercado.

Colaboración con el equipo de desarrollo.

El Product Owner colabora con el equipo de desarrollo de varias maneras esenciales para asegurar la entrega exitosa y continua de valor al cliente:

Definición del Product Backlog: El Product Owner es responsable de mantener y priorizar el Product Backlog, una lista dinámica de todas las funcionalidades, mejoras y tareas pendientes para el producto. Colabora con el equipo para entender las capacidades técnicas y asegurarse de que el backlog esté bien definido y priorizado.

Clarificación de Requisitos: Trabaja en estrecha colaboración con el equipo de desarrollo para clarificar requisitos, responder preguntas y proporcionar detalles adicionales sobre las historias de usuario y elementos del backlog. Esta colaboración garantiza que el equipo tenga la información necesaria para trabajar de manera efectiva.

Participación en Ceremonias de Scrum: El Product Owner participa activamente en las ceremonias de Scrum, como la Sprint Planning, para compartir la visión del producto, establecer objetivos claros para el Sprint y alinear al equipo con las expectativas del cliente.

Iteración Continua con el Equipo: Colabora de manera continua durante el desarrollo de un Sprint, estando disponible para responder preguntas, proporcionar retroalimentación y tomar decisiones rápidas para mantener el impulso del equipo.

Validación de Entregables: Revisa y valida los incrementos del producto al final de cada Sprint para asegurarse de que cumplan con las expectativas y los criterios de aceptación definidos. Proporciona comentarios para mejorar la entrega futura.

Alineación con Objetivos de Negocio: Trabaja en conjunto con el equipo para asegurar que las funcionalidades desarrolladas estén alineadas con los objetivos de negocio y estrategias de la organización.

Facilitación de la Toma de Decisiones: El Product Owner toma decisiones clave sobre la priorización del backlog y la entrega de funcionalidades, asegurándose de que el equipo esté enfocado en desarrollar lo más valioso para el cliente.

En conjunto, la colaboración efectiva del Product Owner con el equipo de desarrollo es esencial para lograr una implementación exitosa de Scrum y para garantizar que el producto evolucione de acuerdo con las necesidades del cliente y del negocio.

El development Team

Definición, capacidad y conformación.

El *Development Team* juega un papel crucial en el marco Scrum, siendo el grupo de profesionales *encargado de entregar incrementos de producto funcionales* al final de cada Sprint. Aquí se desglosa su rol, capacidad y conformación:

Definición del Development Team:

Definición: El Development Team consiste en profesionales multidisciplinarios que tienen todas las habilidades necesarias para completar y construir un producto, logrando completar objetivos planificados por sprints.

Capacidad: Son autoorganizados y autónomos, capaces de tomar decisiones relacionadas con la implementación del producto sin depender de direcciones externas.

Capacidad del Development Team:

Colaboración estrecha: Colabora estrechamente para lograr los objetivos del Sprint y entregar incrementos de producto de alta calidad.

Adaptabilidad: Es adaptable y capaz de ajustar la planificación y enfoque según las necesidades cambiantes del proyecto y las prioridades del Product Owner.

Compromiso con la Calidad: Mantiene un compromiso constante con la excelencia técnica y la entrega de productos funcionales y de calidad.

Conformación del Development Team:

Multidisciplinario: Está compuesto por profesionales con diversas habilidades, como desarrolladores de software, diseñadores, especialistas en calidad (QA), analistas, entre otros.

Tamaño Ideal: Se recomienda que el tamaño del Development Team sea lo suficientemente pequeño como para mantener la comunicación eficiente, pero lo suficientemente grande como para abordar todas las tareas necesarias. Generalmente, varía entre 3 y 9 miembros serían los equipos ideales para trabajar.

Ejemplo de Conformación:

Un equipo de desarrollo representativo podría estar compuesto por una mezcla diversa de profesionales, como desarrolladores de software con variadas habilidades en diferentes tecnologías y niveles de experiencia, un diseñador de interfaz de usuario (UI), un especialista en experiencia de usuario (UX), desarrolladores especializados en lenguajes específicos o con conocimientos full stack, un experto en pruebas y control de calidad (QA), así como posiblemente un experto en seguridad, analista funcional, arquitecto, DevOps y personal de infraestructura. La composición específica dependerá de las necesidades del proyecto, el tipo de producto a construir, la interfaz requerida, su arquitectura y la tecnología a desarrollar. Esta diversidad de habilidades y roles permite al equipo abordar integralmente el desarrollo del producto, garantizando una cobertura completa de las competencias necesarias para el éxito del proyecto.

El Development Team en Scrum es la fuerza motriz detrás de la entrega de productos, combinando su experiencia y habilidades para crear incrementos valiosos en cada iteración del proceso ágil. Su capacidad para trabajar de manera colaborativa y autónoma es esencial para el éxito continuo del equipo y la implementación eficaz de Scrum.

El rol del Technical Leader

El rol del Technical Leader en Scrum es crucial para garantizar el éxito del equipo de desarrollo. Aunque Scrum no define específicamente el rol de Technical Leader, esta posición suele ocuparse por un miembro del equipo con habilidades técnicas avanzadas y liderazgo técnico.

Responsabilidades del Technical Leader en Scrum:

Guía Técnica: El Technical Leader proporciona orientación técnica al equipo, asegurándose de que las decisiones de diseño y arquitectura estén alineadas con los objetivos del proyecto y las mejores prácticas de desarrollo.

Liderazgo Técnico: Actúa como líder técnico del equipo, inspirando y motivando a los miembros a alcanzar los estándares de calidad y eficiencia técnica. Facilita la resolución de problemas técnicos y promueve un entorno colaborativo.

Revisión de Código: Participa activamente en la revisión de código, garantizando que se cumplan los estándares de codificación, la coherencia y la calidad del código, aprobación para los deploy en producción.

Capacitación y Desarrollo: Contribuye al desarrollo profesional del equipo, identificando áreas de mejora técnica y facilitando la capacitación necesaria. Fomenta un ambiente de aprendizaje continuo.

Coordinación con el Product Owner: Colabora estrechamente con el Product Owner para comprender los requisitos técnicos del backlog del producto y traducirlos en tareas claras y alcanzables para el equipo.

Resolución de Problemas Técnicos: Aborda y resuelve problemas técnicos complejos, proporcionando soluciones efectivas y orientadas a resultados.

Mejora Continua: Busca constantemente formas de mejorar los procesos técnicos y la eficiencia del equipo. Introduce herramientas y prácticas que beneficien la calidad y la velocidad de entrega.

Colaboración con Scrum Master: Trabaja en colaboración con el Scrum Master para garantizar la alineación entre los objetivos técnicos y los objetivos generales del proyecto. Participa en las ceremonias de Scrum, aportando perspectivas técnicas.

Desafíos Comunes del Technical Leader en Scrum:

Equilibrio entre Desarrollo y Liderazgo: Encontrar un equilibrio entre las responsabilidades técnicas y las tareas de liderazgo puede ser un desafío, ya que ambas son fundamentales para el éxito del equipo.

Comunicación efectiva: Garantizar una comunicación clara y efectiva entre el equipo técnico y las partes interesadas no técnicas puede ser un desafío, pero es esencial para el éxito del proyecto.

Adaptabilidad a Cambios Rápidos: En un entorno ágil, donde los requisitos y las prioridades pueden cambiar rápidamente, el Technical Leader debe ser adaptable y capaz de liderar al equipo a través de cambios inesperados.

El Technical Leader desempeña un papel esencial en la ejecución técnica eficiente de un proyecto Scrum y contribuye significativamente al logro de los objetivos del equipo y del producto.

"El Scrum Master guía el proceso y al Development Team, el Product Owner define la visión, con su diversidad de habilidades, da vida a esa visión, trabajando de manera colaborativa para entregar continuamente valor al cliente."

4

Capítulo

Artefacto en Scrum

Product Backlog

Estrategias para una gestión efectiva.
El Product Backlog es esencial para optimizar la
planificación y la entrega de valor en el marco Scrum. El
Product Backlog actúa como la columna vertebral de
Scrum, siendo una lista dinámica que prioriza y detalla los
elementos necesarios para el desarrollo del producto.

Algunas estrategias clave para gestionar de manera efectiva
el Product Backlog incluyen:

Priorización Constante:

La priorización continua garantiza que los elementos más
valiosos se aborden primero.

Estrategias como la técnica MoSCoW **(Must have, Should
have, Could have, Won't have)** pueden ayudar a categorizar
y priorizar los elementos.

Refinamiento Regular:

El continuo perfeccionamiento del backlog contribuye a
mantener los elementos claros y preparados para su
implementación, siendo una de las prácticas esenciales
durante los sprints. La realización de sesiones periódicas
de refinamiento con la participación activa del equipo y el

Product Owner resulta fundamental para abordar detalles específicos y ajustar las prioridades de manera efectiva. En mi experiencia, coordino cuatro sesiones de refinamiento por sprint, cada una con una duración de 1.30 horas. Este enfoque genera un refinamiento sustancial, permitiéndole planificar con anticipación de 2 a 3 sprints futuros con mayor precisión y eficiencia.

Descomposición de Elementos:

Fragmentar elementos extensos en tareas más pequeñas simplifica su ejecución y posibilita una estimación más precisa. En el caso de tareas que inicialmente tengan estimaciones que superan la duración de un sprint, se aplica un proceso de "slicing" donde se dividen en dos o tres tareas para su planificación, estableciendo una secuencia lógica donde una tarea dependía de la finalización de otra. Este enfoque no solo optimiza la planificación y ejecución, sino que también mejora la visibilidad y control sobre el progreso del trabajo en el desarrollo del producto.

La descomposición también facilita la adaptabilidad a cambios y prioridades emergentes.

Colaboración Activa:

La constante colaboración entre el Product Owner y el Development Team asegura una comprensión precisa de los requisitos y facilita la toma de decisiones fundamentadas. La participación activa del equipo en la definición y el refinamiento contribuye significativamente a mejorar la calidad del backlog. Es fundamental tener en cuenta que involucrar al equipo en las definiciones y posibles cambios de alcance es siempre beneficioso; la comunicación y la integración continua se revelan como factores positivos para el equipo, fomentando un ambiente colaborativo y eficiente.

Enfocarse en el Valor del Cliente:

La prioridad debe centrarse en los elementos que generen el máximo valor para el cliente y el negocio.

Evaluar constantemente el impacto y la alineación con los objetivos estratégicos.

Transparencia y Accesibilidad:

Mantener el backlog transparente y accesible a todos los miembros del equipo y partes interesadas.

Herramientas adecuadas, como herramientas de gestión de proyectos ágiles, pueden facilitar la visualización y colaboración en el backlog.

Adaptabilidad a Cambios:

Estar preparado para ajustar y reorganizar el backlog en respuesta a cambios en las prioridades del negocio o en las condiciones del mercado.

La agilidad en la gestión del backlog es esencial para la flexibilidad de Scrum.

Investigar y aplicar estas estrategias contribuirá significativamente a una gestión efectiva del Product Backlog, garantizando una planificación ágil y una entrega continua de valor.

Sprint Backlog

Descomposición y asignación de tareas.

El Sprint Backlog es un elemento clave en el marco Scrum, sirviendo como una lista específica de tareas que el Development Team se compromete a abordar durante un sprint. La descomposición y asignación de tareas en el Sprint Backlog son prácticas fundamentales que aseguran una ejecución efectiva y eficiente del trabajo planificado.

Descomposición de Tareas:

La descomposición implica dividir las historias de usuario y elementos del Product Backlog en tareas más pequeñas y manejables. Esta técnica permite una comprensión más detallada de los requisitos y facilita la estimación precisa del esfuerzo necesario para cada tarea. La descomposición también ayuda a identificar dependencias y establecer una secuencia lógica de trabajo, mejorando así la planificación y ejecución del sprint.

Veamos un ejemplo:

Para una historia de usuario como **"Registro de Usuario"** con su desarrollo de la tarea del análisis funcional, técnico, refinado y estimado, la descomposición podría incluir tareas como **"Diseñar Interfaz de Registro"**, **"Implementar Lógica de Validación"**, y **"Conectar a la Base de Datos"**.

Asignación de Tareas:

Una vez desglosadas, las tareas se asignan a los miembros específicos del Development Team según sus habilidades y áreas de especialización. Esta asignación asegura que cada tarea sea abordada por el miembro más adecuado, quien debe tomar ownership total de la tarea. Este enfoque implica seguir la tarea a lo largo de su flujo de desarrollo, incluyendo la aplicación de pruebas unitarias, su sometimiento al proceso de QA con posibles fix de bugs (rework de la misma) y dar soporte, hasta que sea validada por el equipo de calidad. Posteriormente, la tarea se prepara para su fusión (merge), deploy en ambientes bajos, vuelve a pasar por el proceso de Quality Assurance (QA) y con su aprobación se hace el dicho deploy en producción., o cualquier otra acción necesaria para completar el desarrollo de manera exitosa.

Este enfoque integral y centrado en la propiedad individual de las tareas asegura un seguimiento diligente y una ejecución eficaz en todas las etapas del proceso de desarrollo.

Ejemplo:

Si un miembro del equipo cuenta con experiencia en diseño de interfaz, se le asignará la tarea "**Diseñar Interfaz de Registro**", mientras que otro con habilidades de programación se encargará de "**Implementar Lógica de Validación**". Este enfoque permite la simultaneidad en la ejecución de ambas tareas, involucrando a dos personas dentro del Development Team durante el mismo sprint. Durante las reuniones diarias (Daily Scrum), se espera que cada miembro proporcione actualizaciones sobre el progreso de sus tareas asignadas, ofreciendo información detallada sobre el estado actual y advirtiendo sobre cualquier cambio en el movimiento de la tarea.

Es crucial destacar cualquier avance significativo y señalar cuándo una tarea está lista para pasar al proceso de QA, lo que permitirá su validación y cierre exitoso en el contexto del sprint actual. Este enfoque de comunicación activa y coordinación es esencial para mantener un flujo de trabajo eficiente y garantizar que todas las partes del equipo estén al tanto de los avances y desafíos en tiempo real.

La descomposición y asignación de tareas en el Sprint Backlog son prácticas iterativas, lo que significa que se realizan durante la planificación del sprint y se ajustan según sea necesario durante el desarrollo. Estas acciones contribuyen a la claridad, eficiencia y éxito general del equipo en la consecución de los objetivos del sprint.

Incremento del Producto

El producto potencialmente entregable y su importancia. En el contexto de Scrum, el *"Incremento del Producto"* se refiere al conjunto de funcionalidades y mejoras que se añaden al producto existente después de cada sprint.

La característica distintiva de este incremento es que es *"potencialmente entregable"*, lo que significa que, al finalizar cada sprint, el producto se encuentra en un estado que podría ser entregado al cliente si así se decidiera.

Importancia del Producto Potencialmente Entregable:

Retroalimentación Continua: Proporciona una oportunidad constante para obtener retroalimentación del cliente. Al final de cada sprint, el cliente puede revisar y evaluar las nuevas funcionalidades, lo que facilita la adaptación a cambios y la alineación con sus expectativas. Muestra que se facilita en la ceremonia el último día del sprint llamada Demo.

Valor de Negocio Incremental: Genera un valor incremental para el negocio. Cada incremento del producto agrega valor tangible y utilizable, lo que permite una entrega continua de beneficios en lugar de esperar hasta la finalización del proyecto.

Visibilidad del Progreso: Ofrece una visibilidad clara del progreso del proyecto. El incremento del producto proporciona una medida tangible y cuantificable del trabajo realizado en cada sprint, lo que facilita la evaluación del avance y la planificación futura.

Adaptabilidad a Cambios: Facilita la adaptabilidad a cambios en los requisitos o prioridades. Dado que el producto es potencialmente entregable al final de cada sprint, el equipo puede ajustar la dirección del desarrollo en respuesta a cambios en el entorno o en las necesidades del cliente.

Mitigación de Riesgos: Permite una mitigación temprana de riesgos. Al entregar incrementos del producto de manera regular, se identifican y abordan los problemas de manera proactiva, reduciendo la posibilidad de sorpresas desagradables al final del proyecto.

El Ciclo de Desarrollo: El ciclo de desarrollo en Scrum sigue una secuencia iterativa donde cada sprint produce un incremento del producto. Este enfoque iterativo e incremental no solo mejora la calidad del producto, sino que también facilita la adaptación continua a medida que se aprende más sobre los requisitos y se reciben comentarios del cliente. La importancia del producto potencialmente entregable radica en su capacidad para generar valor de manera constante, mantener la flexibilidad y asegurar que el producto evolucione en línea con las expectativas cambiantes del cliente y del mercado.

La importancia de la transparencia en estos artefactos.

La transparencia es un principio fundamental en Scrum y desempeña un papel crucial en los artefactos del marco de trabajo. La transparencia se refiere a la visibilidad clara y comprensible de la información relevante para todos los involucrados, incluidos los miembros del equipo, el Product Owner, el Scrum Master y otros stakeholders.

A continuación, se explora la importancia de la transparencia en los principales artefactos de Scrum que en su resúmen serían::

Product Backlog:

Visión Compartida: La transparencia en el Product Backlog permite que todos los interesados comprendan las prioridades y expectativas del producto. Esto fomenta una visión compartida y alinea a todos los miembros del equipo hacia los objetivos comunes.

Toma de Decisiones Informada: La visibilidad clara del Product Backlog facilita la toma de decisiones informada sobre qué funcionalidades o mejoras deben abordarse primero, teniendo en cuenta las necesidades del cliente y los objetivos del negocio.

Sprint Backlog:

Seguimiento del Progreso: La transparencia en el Sprint Backlog proporciona a todos los miembros del equipo una visión clara del trabajo planificado para el sprint en curso. Esto facilita el seguimiento del progreso diario durante las reuniones diarias (Daily Scrum).

Colaboración efectiva: Al tener una comprensión transparente de las tareas asignadas a cada miembro del equipo, se promueve la colaboración efectiva, ya que todos están al tanto de quién está trabajando en qué y pueden ofrecer apoyo cuando sea necesario.

Incremento del Producto:

Evaluación Continua: La transparencia en el incremento del producto permite una evaluación continua del trabajo realizado en cada sprint. Los stakeholders pueden revisar y proporcionar comentarios, lo que contribuye a la mejora continua y la alineación con las expectativas.

Entrega Confiable: La visibilidad clara de un producto potencialmente entregable al final de cada sprint construye confianza tanto dentro del equipo como entre los stakeholders, ya que demuestra una entrega constante y confiable de valor.

Definición de "Done":

Expectativas Claras: La transparencia en la definición de "Done" asegura que todos compartan expectativas claras sobre qué significa que una tarea esté cerrada. Esto evita malentendidos y garantiza la entrega de un trabajo de calidad.

Mejora Continua: La revisión transparente y regular de la definición de "Done" permite ajustes y mejoras continuas para garantizar que refleje adecuadamente los estándares de calidad y cumplimiento del equipo.

La transparencia en los artefactos de Scrum facilita la comunicación efectiva, la toma de decisiones informada y la construcción de confianza tanto dentro del equipo como con los stakeholders. Proporciona una base sólida para la colaboración y la mejora continua, elementos clave en el éxito de proyectos ágiles.

5

Capítulo

Desafíos y Soluciones Comunes

Resistencia a la Implementación de Scrum

Estrategias para superar la resistencia organizacional.
La resistencia organizacional es una realidad común cuando se introduce un cambio significativo, como la implementación de Scrum. Aquí, explicaremos la importancia de abordar la resistencia y estrategias efectivas para superarla:

1. Comprender la Resistencia:

Significado: La resistencia puede surgir por diversas razones, como el miedo a lo desconocido, la preocupación por la pérdida de control o la inseguridad sobre cómo afectará el cambio a roles y responsabilidades existentes.

Cómo hacerlo: Realizar un análisis detallado para comprender las razones específicas detrás de la resistencia. Encuestas, entrevistas y sesiones de retroalimentación abierta pueden proporcionar información valiosa.

2. Comunicación Clara y Constante:

Significado: La falta de información clara puede alimentar la resistencia. La comunicación transparente sobre los beneficios de Scrum, los objetivos del cambio y cómo afectará positivamente a los equipos y la organización es esencial.

Cómo hacerlo: Establecer canales de comunicación abiertos, como reuniones informativas, presentaciones, documentos explicativos y espacios para preguntas y respuestas. Proporcionar información de manera continua a medida que se avanza en la implementación.

3. Involucrar a los Miembros del Equipo:

Significado: Incluir a los miembros del equipo en el proceso de toma de decisiones y en la definición de nuevas prácticas crea un sentido de propiedad y reduce la resistencia.

Cómo hacerlo: Facilitar talleres y sesiones participativas donde los miembros del equipo puedan expresar sus preocupaciones, sugerir mejoras y participar activamente en la adaptación de Scrum a la realidad de la organización.

4. Proporcionar Formación y Apoyo:

Significado: La falta de comprensión y habilidades puede generar resistencia. Proporcionar formación adecuada sobre Scrum y ofrecer apoyo durante la transición es fundamental.

Cómo hacerlo: Organizar sesiones de formación específicas para los diferentes roles en Scrum, brindar acceso a recursos educativos y contar con mentores internos o externos que guíen durante la implementación.

5. Celebrar Pequeños Éxitos:

Significado: Reconocer y celebrar los logros a medida que se alcanzan refuerza positivamente la adopción de Scrum y motiva a los equipos.

Cómo hacerlo: Establecer rituales de reconocimiento, como ceremonias de entrega de incrementos, destacar mejoras en la colaboración y el logro de objetivos específicos de la implementación.

6. Alineación con Objetivos Organizacionales:

Significado: Mostrar cómo Scrum contribuye a los objetivos estratégicos de la organización ayuda a alinear el cambio con la visión a largo plazo.

Cómo hacerlo: Comunicar claramente cómo la implementación de Scrum se alinea con la misión y los objetivos de la organización, destacando los beneficios a nivel organizacional.

7. Aprender y Adaptar Continuamente:

Significado: La resistencia puede evolucionar con el tiempo, y es crucial estar dispuesto a aprender de los desafíos y ajustar la estrategia en consecuencia.

Cómo hacerlo: Establecer mecanismos de retroalimentación continua, evaluar regularmente la efectividad de las estrategias y realizar ajustes según las lecciones aprendidas.

En resumen, superar la resistencia organizacional en la implementación de Scrum requiere un enfoque multifacético que abarque la comprensión, la comunicación, la participación activa de los equipos y la adaptación continua. Al implementar estas estrategias, las organizaciones pueden avanzar hacia una adopción exitosa de Scrum y aprovechar los beneficios de este marco ágil.

Escalado de Scrum:

Enfoques para proyectos a gran escala:
Escalar Scrum para proyectos a gran escala implica la coordinación eficiente de múltiples equipos, lo cual puede presentar desafíos únicos. A continuación, se explora el significado y cómo abordar el escalado de Scrum:

Significado del Escalado de Scrum:
El escalado de Scrum se refiere a la extensión del marco de trabajo para adaptarse a proyectos que involucran múltiples equipos trabajando en conjunto para entregar un producto o sistema complejo. Implica la sincronización de los esfuerzos de varios equipos para lograr una entrega coherente y alineada con los objetivos del proyecto.

Cómo Escalar Scrum:

Scrum de Scrum:

- **Significado:** Scrum de Scrum es un enfoque inicial para el escalado que implica la creación de un equipo adicional, conocido como "Scrum de Scrum," compuesto por representantes de cada equipo. Este equipo se reúne regularmente para coordinar actividades y resolver impedimentos que afectan a más de un equipo.

- *Ejemplo:* Imagina un proyecto en el que tres equipos Scrum trabajan en componentes diferentes de un sistema. Cada equipo envía un representante al Scrum de Scrum, donde comparten actualizaciones, identifican dependencias y coordinan esfuerzos para garantizar una entrega integrada.

Frameworks Escalados:

- **Significado:** Frameworks como SAFe (Scaled Agile Framework) y LeSS (Large Scale Scrum) proporcionan estructuras más completas para el escalado de Scrum. Estos frameworks ofrecen roles adicionales, artefactos y ceremonias diseñadas específicamente para abordar la complejidad de proyectos a gran escala.

- *Ejemplo:* En SAFe, se introduce el concepto de un "Release Train," que es un grupo de equipos Scrum que trabajan juntos en la misma solución. Se sincronizan sus sprints para asegurar entregas coherentes al final de cada Program Increment.

Equipos Ágiles Autónomos:

- **Significado:** Permitir a los equipos trabajar de manera más autónoma en proyectos específicos, manteniendo la colaboración a través de principios ágiles. Cada equipo sigue Scrum de manera independiente, pero la comunicación y coordinación efectiva son cruciales.

- *Ejemplo*: En un contexto donde diferentes equipos trabajan en módulos separados de un sistema, cada equipo sigue su propio ciclo Scrum. Sin embargo, establecen una comunicación constante para gestionar dependencias y garantizar una integración fluida.

Desglose de Requerimientos:

- **Significado:** Desglosar los requisitos del proyecto en unidades manejables y asignar estas unidades a equipos individuales. Esto permite que cada equipo trabaje en una parte específica del proyecto, facilitando el control y la coordinación.

- *Ejemplo*: En un proyecto de desarrollo de software, los requisitos del sistema se desglosan en funcionalidades y características específicas. Cada equipo es responsable de desarrollar y entregar una parte de esas funcionalidades, asegurando que todas se integren sin problemas.

Coordinación a Nivel de Línea (Scrum de Scrums):

- **Significado:** La coordinación entre equipos se realiza a través de líneas específicas de trabajo, como componentes del sistema, funciones o flujos de trabajo. Cada equipo es responsable de una línea particular, minimizando las dependencias entre equipos.

- **Ejemplo:** En un proyecto de desarrollo de software, diferentes equipos pueden estar asignados a desarrollar componentes específicos del sistema, como la interfaz de usuario, la lógica de negocio y la capa de datos. La coordinación se centra en la integración de estas partes.

El escalado de Scrum implica seleccionar el enfoque más adecuado según la naturaleza y complejidad del proyecto. La clave radica en mantener la agilidad y la adaptabilidad, asegurándose de que la coordinación entre equipos sea eficiente y que la entrega del producto a gran escala se realice de manera armoniosa.

6

Capítulo

Mejora Continua y Aprendizaje

Inspección y Adaptación Continua

Mejora Continua y Aprendizaje en el ADN del Equipo: Hacia una Cultura Ágil

La mejora continua y el aprendizaje constante son pilares fundamentales de la metodología ágil, y su integración en el ADN del equipo implica cultivar una cultura que fomente la evolución constante y la adaptación a los cambios.

Veamos más de cerca qué significa y cómo podemos lograrlo:

Significado de la Mejora Continua y Aprendizaje:

La mejora continua implica la búsqueda constante de hacer las cosas de manera más eficiente y efectiva. No se trata solo de ajustar procesos existentes, sino de cuestionar continuamente las prácticas actuales y explorar oportunidades para innovar y optimizar. El aprendizaje, por otro lado, se refiere a la adquisición constante de nuevos conocimientos y habilidades que permiten al equipo adaptarse a los desafíos cambiantes.

Integración en el ADN del Equipo:

Integrar la mejora continua y el aprendizaje en el ADN del equipo significa establecer una mentalidad y un entorno que fomenta estas prácticas como parte natural del proceso de trabajo. Aquí hay algunos pasos clave para lograrlo:

Cultura de Feedback Constructivo:

- **Significado:** Fomentar una cultura donde el feedback es visto como una oportunidad para mejorar, no como crítica. Esto implica compartir comentarios de manera constructiva y recibirlos de la misma manera.

- *Cómo hacerlo*: Establecer sesiones regulares de retroalimentación entre los miembros del equipo, donde se discutan los éxitos y desafíos de manera abierta. Utilizar el feedback como un catalizador para la mejora continua.

Experimentación y Aprendizaje Iterativo:

- **Significado:** Permitir y alentar la experimentación, aceptando que no todas las iniciativas serán un éxito desde el principio. El aprendizaje iterativo implica probar, aprender, ajustar y volver a probar.

- *Cómo hacerlo*: Establecer ciclos de experimentación dentro del equipo. Desarrollar prototipos, implementar cambios pequeños y evaluar los resultados. Documentar lecciones aprendidas para informar futuras decisiones.

Compartir Conocimientos de Forma Activa:

- **Significado:** Establecer un ambiente donde compartir

conocimientos sea una práctica común. Esto implica la colaboración y la transmisión de experiencias y aprendizajes entre los miembros del equipo.

- *Cómo hacerlo:* Implementar plataformas o reuniones regulares para compartir buenas prácticas, lecciones aprendidas y nuevas habilidades adquiridas. Facilitar la mentoría entre miembros más experimentados y aquellos que están aprendiendo.

Celebrar los Fracasos como Oportunidades de Aprendizaje:

- *Significado:* Cambiar la percepción de los fracasos como algo negativo a verlos como oportunidades valiosas para aprender y mejorar.

- *Cómo hacerlo:* En lugar de castigar los errores, celebrarlos como parte del proceso de mejora. Discutir abiertamente los desafíos y buscar soluciones colaborativas.

Establecer Métricas de Desempeño Significativas:

- **Significado:** Definir métricas que realmente importen y que proporcionen insights sobre el rendimiento del equipo y el logro de objetivos.

- *Cómo hacerlo:* Identificar métricas clave que reflejen el progreso hacia los objetivos. Evaluar regularmente estas métricas y utilizar los resultados para ajustar estrategias y prácticas.

Incentivar la Formación Continua:

- **Significado:** Reconocer y apoyar la búsqueda activa de conocimiento. Esto implica incentivar la participación en cursos, conferencias y actividades de desarrollo profesional.

- *Cómo hacerlo:* Proporcionar recursos y tiempo dedicado para el desarrollo profesional. Crear un entorno donde la formación continua sea valorada y respaldada.

Cultivando una Cultura Ágil:

En última instancia, la integración de la mejora continua y el aprendizaje en el ADN del equipo contribuye a la creación de una cultura ágil. Una cultura donde la adaptabilidad, la innovación y la evolución constante son aspectos fundamentales que impulsan el éxito a largo plazo.

Experimentación y Aprendizaje Organizacional

Crear una cultura que fomente la experimentación.

Fomentar una cultura que promueva la experimentación es esencial para impulsar la innovación y la mejora continua en un equipo u organización. Para lograrlo, es crucial fomentar la curiosidad entre los miembros del equipo, brindándoles tiempo y espacio para explorar nuevas ideas y compartir sus descubrimientos en sesiones regulares.

Además, se debe cambiar la percepción del riesgo, destacando que la toma de riesgos es una parte integral del proceso de experimentación y no algo negativo. Celebrar los intentos de innovación, incluso si no tienen éxito, contribuye a crear un ambiente donde se valora el proceso de aprendizaje.

Asignar recursos y respaldo adecuados es fundamental para que los equipos puedan llevar a cabo experimentos de manera efectiva. Esto incluye presupuestos y tiempo dedicado específicamente para la experimentación, así como el apoyo de liderazgo para garantizar que los equipos se sientan respaldados al asumir riesgos controlados.

Establecer un entorno seguro donde los errores se vean como oportunidades de aprendizaje es esencial. Promover la transparencia sobre los resultados de los experimentos y fomentar la comunicación abierta sobre lo que se aprendió y cómo se puede mejorar contribuye a construir una cultura de confianza.

Adoptar prácticas ágiles, como Scrum o Kanban, que permiten una respuesta rápida a cambios y la iteración continua, facilita la adaptabilidad y la experimentación. Asimismo, la colaboración interdisciplinaria dentro de equipos multidisciplinarios fomenta la diversidad de pensamiento y la generación de ideas innovadoras.

Reconocer y premiar la innovación mediante incentivos y reconocimientos formales contribuye a motivar a los equipos a buscar nuevas soluciones. Establecer programas de recompensas que reconozcan los éxitos derivados de la experimentación refuerza la importancia de la innovación.

Crear plataformas para compartir conocimientos, como foros o reuniones regulares, facilita la difusión de aprendizajes y experiencias entre los miembros del equipo. Esto permite que la información fluya libremente y que otros se inspiren en los éxitos y desafíos de los experimentos realizados.

Enfocarse en ciclos cortos de experimentación y aprendizaje rápido, con evaluaciones regulares de resultados, promueve la adaptación rápida y la aplicación inmediata de aprendizajes. Esto facilita la integración de mejoras constantes en los procesos.

Establecer una visión compartida que motive la experimentación y comunique claramente la importancia de la innovación en el logro de objetivos a largo plazo contribuye a alinear al equipo en torno a la cultura de experimentación. Destacar cómo la innovación contribuye al crecimiento y éxito de la organización refuerza la relevancia de la experimentación en el contexto general.

7

Capítulo

Casos de Estudio y Experiencias Personales

Armados de squads, planificación, ceremonial funcionales a cada proyecto. Mi guía.

A lo largo de mi carrera, he desempeñado un papel central en la formación y gestión de squads/ equipos y/ó células de trabajo para diversos proyectos y empresas, siendo la creación y organización de estos equipos multidisciplinarios un factor crítico para el éxito de cada iniciativa. Dentro de las empresas, a menudo me encontraba con la ausencia de squads multidisciplinarios en sus etapas iniciales o sin conocimiento del framework que se requería trabajar para ciertos proyectos. Este escenario me brindaba la oportunidad de liderar una transformación, guiando la transición desde los métodos de trabajo existentes hacia las nuevas metodologías ágiles y la agilidad en general.

El proceso iniciaba con sesiones de capacitación destinadas a todos los miembros que conformarán los nuevos equipos, incluyendo desarrolladores, profesionales de QA, Product Owners, Technical Managers, Technical Leaders y Scrum Masters. A medida que conocía a cada miembro del equipo, comenzaba a estructurar los squads, manteniendo un equilibrio cuidadoso, como asignar un integrante de QA cada tres desarrolladores, con el Scrum Master y el Product Owner. Durante este proceso, evalúa continuamente las capacidades y el seniority de los integrantes para lograr un balance efectivo.

Mi experiencia ha confirmado la resistencia inherente al cambio en la mayoría de las compañías, donde la transformación puede ser recibida con cierta reticencia. Sin embargo, a medida que los equipos se adaptan a las nuevas metodologías, se percibe una gradual organización del trabajo, definición clara de roles, planificación de tareas y establecimiento de métricas internas. A pesar de las dificultades iniciales, se observa una mejora constante, y los equipos comienzan a apreciar el valor de las prácticas ágiles con el tiempo, evidenciado en cada cierre de sprint con métricas transparentes y la evolución del proceso.

A lo largo de mi experiencia en la implementación de Scrum, he desarrollado y aplicado patrones específicos que se centran en la organización de reuniones dentro de cada sprint. Estos patrones están diseñados con el objetivo de establecer una estructura sólida y predecible, garantizando la consistencia y la eficiencia en el proceso ágil.

Uno de los principios clave de estos patrones es la rigidez en cuanto a días y horarios. Mantener días y horarios fijos para las ceremonias dentro del sprint es esencial para crear un ambiente de responsabilidad y previsibilidad. Esta práctica permite que todos los miembros del equipo conozcan de antemano cuándo se llevarán a cabo las reuniones, lo que facilita la planificación de sus tiempos y contribuye a una mejor estimación de las tareas.

La consistencia en la programación de las ceremonias también desempeña un papel crucial en el proceso de estimación. Al tener un patrón establecido, el equipo puede anticipar y prepararse adecuadamente para cada reunión, maximizando así el tiempo de trabajo disponible. Esto se traduce en una estimación más precisa de las tareas, ya que el equipo cuenta con una comprensión clara de cuánto tiempo tiene para abordar cada elemento del backlog del sprint.

Además, la adherencia estricta a los días y horarios programados contribuye a la disciplina del equipo. La consistencia en la ejecución de las ceremonias fortalece la cultura ágil al establecer expectativas claras y fomentar la responsabilidad individual y colectiva.

Lo resumo, la construcción y aplicación de patrones en Scrum, especialmente en lo que respecta a la programación de reuniones dentro de cada sprint, **ha demostrado ser una estrategia efectiva para mejorar la organización**, la previsibilidad y la eficiencia en el desarrollo ágil. Estos patrones no solo proporcionan una estructura sólida, sino que también contribuyen significativamente a la mejora continua del equipo y al éxito general de la implementación de Scrum en el proyecto.

La construcción de los equipos se adaptaba a la estructura de cada empresa y a la cantidad de personal disponible. Tuve el placer de trabajar tanto en corporaciones masivas, con hasta 90 personas y varios equipos de desarrollo, como en empresas más pequeñas, con tan solo quince miembros, y aquí es donde resalto una lección clave: **la cantidad de personas no define la calidad de la construcción del producto.** La verdadera esencia radica en la calidad del equipo, la claridad en sus objetivos, una planificación meticulosa y la transparencia en todas las etapas del proceso.

En mis presentaciones, se adopta un enfoque inicial que consistía en ofrecer una charla introductoria que abarcaba los principios del agilismo, destacando la relevancia de los marcos Scrum y Kanban. Acto seguido, dirigía la atención hacia una serie de diapositivas meticulosamente diseñadas, cada una dedicada a ilustrar en detalle las cinco ceremonias fundamentales en Scrum durante cada sprint. La presentación alcanzaba su punto culminante con una explicación exhaustiva sobre la metodología de estimación de story points, utilizando la conocida escala Fibonacci.

En el cierre de estas sesiones formativas, asignaba un espacio significativo para abordar las preguntas que pudieran surgir entre los participantes. La duración de estas capacitaciones, diseñadas para impartir conocimientos sobre Scrum, solía extenderse a un mínimo de tres sesiones. No obstante, este cronograma podía ajustarse según las necesidades específicas y el nivel de comprensión del equipo que se estaba formando, asegurando así una asimilación efectiva de los conceptos presentados.

En mi enfoque durante la capacitación, otorgo especial importancia a las ceremonias ágiles, y entre ellas destaco la Planning como una de las más cruciales. Esta se ha convertido en un hito fundamental en la planificación de proyectos, donde la colaboración estrecha entre el Product Owner y el equipo de desarrollo desempeña un papel central. Juntos, definen los objetivos del sprint y descomponen las tareas necesarias. Durante estas sesiones, promuevo una participación activa, asegurándome que cada miembro del equipo comprenda claramente su rol y contribuya de manera significativa a la definición de los entregables. Este enfoque no solo fortalece la comprensión colectiva de los objetivos, sino que también fomenta un compromiso más profundo con el éxito del proyecto.

En organizaciones donde he colaborado durante transformaciones significativas en la forma de trabajar, he notado que las sesiones de planificación solían extenderse entre 4 y 5 horas, involucrando la participación de todos los integrantes del equipo. Este enfoque presentaba desafíos, ya que dificultaba que cada miembro del equipo se llevara consigo una comprensión clara y libre de dudas para iniciar sus labores.

Ante esta situación, mi enfoque fue claro: poner el foco en las sesiones de **Planning**, limitando su duración a 1 hora a 1.30 horas como máximo. Estas sesiones se llevan a cabo el primer lunes después de finalizado el sprint, en la primera hora de trabajo, para no perder tiempo y comenzar con el nuevo sprint tan pronto como sea posible. Para optimizar la eficiencia de la ceremonia, se espera que las tareas lleguen a la Planning con un nivel de refinamiento previo. Además, se implementa una pre-planificación llevada a cabo por el Scrum Master y el Product Owner durante los sprints, lo que permite llegar a la ceremonia con tareas refinadas en varias oportunidades, sin dudas pendientes y listas para su estimación. Esta metodología garantiza que cada miembro del equipo se asigne adecuadamente y se considere la capacidad general del equipo para determinar cuántos Story Points se trabajarán en las próximas dos semanas del sprint.

Muy bien, pasemos a hablar de la **Daily Scrum**, que se lleva a cabo inmediatamente después de la Planning y resulta esencial para mantener una comunicación efectiva y abordar posibles obstáculos de manera rápida. La adaptabilidad y capacidad de respuesta a los cambios han sido elementos clave en la gestión de los squads. Durante esta sesión, que no debe exceder los 15 minutos y es liderada por el Scrum Master, cada miembro del development team (dev+QA) comparte el estado de la tarea en la que está trabajando y responde preguntas como ¿qué hice?, ¿qué voy a hacer? y ¿qué bloqueos se han presentado? A partir de estas respuestas, el Scrum Master se encarga de gestionar los temas para destrabar obstáculos, abordar necesidades del equipo y coordinar reuniones con stakeholders para definir aspectos técnicos y funcionales. Actúa como facilitador, asegurando que el equipo tenga todo lo necesario para no detenerse en los sprints.

Luego, nos adentramos en la **ceremonia de Refinamiento**, la más importante en mi perspectiva dentro del sprint. Junto con el Product Owner, lideramos esta ceremonia durante cada sprint, dedicándole de 1 a 1.3 horas y generando cuatro sesiones por sprint. En mi enfoque personal, estas reuniones se realizan los martes y jueves de cada semana del sprint, totalizando cuatro encuentros de refinamiento con el equipo. Este enfoque nos brinda la oportunidad de estudiar detenidamente cada tarea, resolver dudas, involucrar a stakeholders de diferentes células para resolver consultas del development team y realizar estimaciones de cada historia de usuario en cada reunión. Esto nos permite avanzar en la preparación previa al planning.

El último día del sprint, es decir, el último viernes generalmente donde cerramos el ciclo de un sprint, se lleva a cabo, además de la Daily, la **ceremonia de Retrospectiva**. Durante esta sesión, el Scrum Master identifica acciones a tomar en relación con problemas que puedan surgir entre los integrantes del equipo, advertencias que se han registrado y medidas a considerar para mejorar en el próximo sprint. Este enfoque consolida al equipo, brindándole mayor seguridad y manteniendo siempre el enfoque en los objetivos. Finalmente, ese día concluimos con una Demo, presentando cualquier desarrollo que pueda mostrarse al usuario/cliente para que comience a conocer el producto. Si no hay un desarrollo demostrable, tenemos la Review, donde el Scrum Master brinda un resumen del sprint, evalúa en qué medida se cumplen los objetivos del sprint y si hay algún trabajo pendiente (carry over) para considerar en el próximo sprint. Dichos carry overs se estiman nuevamente para completar la parte pendiente del sprint anterior.

En mi enfoque de capacitación y orientación, también incluyo una guía que sirve como recurso integral. La dejo a continuación:

Planning

Objetivo de la ceremonia

Asignar tareas claras a cada miembro del equipo para el próximo sprint.
Quien tome la tarea debe tener el ownership dicha tarea y dar estatus en las
dailys, asegurando responsabilidad y claridad. Las tareas deben estar
refinadas y estimadas antes de comenzar el sprint. Además, se abordan
factores prácticos como feriados y vacaciones para anticipar posibles
impedimentos y garantizar una ejecución eficiente.

Duración esperada

De 1 a 1.30 hora

Participantes

El develoment Team
Scrum Master, Technical Leader
Product Owner

What to Do / Lo que se debe hacer

En la reunión de planificación de Scrum, es esencial fomentar la participación activa de todos
los miembros del equipo, garantizando que comprendan claramente sus roles y contribuyan
al sprint. Colaborar con el Product Owner para establecer objetivos claros y alcanzables,
priorizar el Backlog del Producto de manera efectiva, y mantener estimaciones comprensi-
bles son prácticas clave. La estructuración de la agenda, la gestión del tiempo y la realización
de sesiones previas de refinamiento contribuyen a una planificación exitosa.

What Not to Do / Lo que no se debe hacer

Evitar la prolongación excesiva de la reunión, asegurarse de una preparación adecuada del
Backlog del Producto y mantener la participación activa de todos son aspectos cruciales a
evitar. Confusiones en los objetivos del sprint, estimaciones vagas, falta de claridad en roles, y
desviaciones del tema principal deben ser evitadas para garantizar una planificación eficiente
y centrada en los resultados deseados.

Dailys

Objetivo de la ceremonia

El objetivo principal es proporcionar estatus, actualización del progreso de
las tareas y aborde cualquier obstáculo o impedimento. Esta reunión diaria
fomenta la transparencia, la comunicación activa y la resolución rápida de
problemas. Recordar el ¿Qué hice?, ¿Qué voy hacer?, ¿Qué bloqueantes
tengo?

Duración esperada

15 minutos

Participantes

El develoment Team
+ Scrum Master
Opcionales:
Product Owner/ Technical Manager

What to Do / Lo que se debe hacer

Cada integrante del equipo estatus de las tareas en curso tomadas.
Se pide al líder de equipo destrabar posibles bloqueantes.
Se planifican posibles y necesarias reuniones, con los stakeholder necesarios, para resolver
temas y poder continuar con el flujo des las tareas.

What Not to Do / Lo que no se debe hacer

Llevar adelante soluciones dentro de la daily.
No dar solucines técnicas que retracen a otros integrantes a dar su estatus.

Refinamiento

Objetivo de la ceremonia

Preparar el Product Backlog, revisar el DOR (Definition of Ready).
Descomponer tareas para su entendimiento y se deben tenar claridad para el comienzo del sprint. Eliminar ambigüedades.
Estimar las historias de usuario y optimizar la velocity del equipo.

Duración esperada

3 hoas x semana.
Según backlog a refinar.

Participantes

El develoment Team + SM
Product Owner
Stakeholder necesarios

What to Do / Lo que se debe hacer

Definir las US para tomar en el próximo sprint y armar una pre-planning en relación a las prioridades que requiere la construcción del producto.
Estimar las historias de usuarios y priorizarlas.
Determinar con el quipo el sacarse las dudas necesarias para poder trabajar las historias de usuarios en el próximo sprint sin bloqueantes.
Involucrar otros stakeholders que se requiera para poder explicar lo funcional o técnico de la tarea.

What Not to Do / Lo que no se debe hacer

No es positivo sumar otro development team. Stakeholders que no sumen a las tareas a trabajar y toda persona que no sume en el refinamiento.

Retrospectiva

Objetivo de la ceremonia

La ceremonia se gestiona en un clima de confianza, y esta pensada para el desarrollo agil del equipo y mejoras respuestas. Un espacio para fomentar la relación del equipo y poder tomar accionables de mejora, adaptabilidad, feedback constructivo y reflexionar sobre puntos positivos y negativos, cambios que se podria hacer para el mejor funcionamiento de los sprints.

Duración esperada

1 hora aprox.
Depende de la envergadura del equipo

Participantes

El develoment Team
Scrum Master.

What to Do / Lo que se debe hacer

Sí, debemos realizar ajustes de equipo, stakeholders, metodologico, etc.
Satisfacción del equipo durante el sprint y su desempeño.
Levantar warnings, pensar accionables de mejora.

What Not to Do / Lo que no se debe hacer

Tratar temas de las Historias de Usuarios.
Planificar, priorizar ni estimar esfuerzo.

Objetivo de la ceremonia

Tambien se realiza en el último día del sprint y realizar la review del sprint que finalizará.
Se presenta el incremento del producto, en ocasiones de genera una Demo de lo desarrollado, debemos dar feedback de todos los involucrados en la meet.
Generar colaboración entre los stakeholders para poder cumplir con los objetivos.

Duración esperada

De 45 a 1 hora aprox.

Participantes

El develoment Team + SM
Product Owner + T. M.
Cliente/ Usuario

What to Do

Se debe presentar parte de lo producido, dar informe y feedback entre los involucrados.
Se puede llegar a realizar una demo de lo cosntruído hasta el momento.
Mostrar métricas del equipo, su evolución de sprints anterioes y el incremento de su velocity.

What Not to Do / Lo que no se debe hacer

Planificar, estimar, refinar tareas.
No llevar a la dirección de una retrospectiva ni dar estatus que no esten relacionado a lo que se muestra.

En lo que respecta a las **estimaciones** de Historias de Usuarios, como ya mencioné, aplico la escala **Fibonacci** (0, 1, 2, 3, 5, 8, 13, 21...) junto con la técnica de **Planning Poker** para involucrar activamente al equipo en el proceso de estimación.

Es importante resaltar que he personalizado la escala Fibonacci según las necesidades y dinámicas específicas de cada equipo. Esta **adaptación** tiene como objetivo brindar una guía de esfuerzo más precisa y ajustada a la capacidad real del equipo para construir y desarrollar la Historia de Usuario asignada. Al definir nuestra propia interpretación de la escala, hemos logrado una mayor comprensión y alineación interna sobre lo que cada número representa en términos de **complejidad y esfuerzo**.

Esta estrategia no solo facilita un proceso de estimación más claro y eficiente, sino que también promueve la participación activa del equipo al permitirles contribuir con su perspectiva única y experiencia individual. En conjunto con la dinámica del Planning Poker, esta metodología asegura una evaluación más precisa y consensuada de las tareas, promoviendo la transparencia y la colaboración en todo el equipo de desarrollo.

En el contexto de **equipos multidisciplinarios, la técnica de Planning Poker** adquiere una importancia significativa al facilitar la colaboración y el consenso en la estimación de Historias de Usuario. La diversidad de habilidades y perspectivas en estos equipos se convierte en un activo invaluable durante la votación de la Planning Poker. Esta técnica permite que los esfuerzos se compartan de manera equitativa y que los miembros del equipo colaboren para alcanzar los objetivos establecidos en el sprint, haciendo funcionar al equipo como un sólo músculo a construir.

También, se conversa y se intercambian opiniones cuando surge una discrepancia en las estimaciones durante la votación de una Historia de Usuario, se inicia un análisis y una discusión con el equipo. La variación en las estimaciones, como otorgar 3 story points frente a 5, es abordada mediante un proceso de diálogo y análisis conjunto. La diversidad de conocimientos y seniority en el equipo se convierte en un activo, ya que cada miembro puede aportar una perspectiva única. La resolución de estas discrepancias implica un esfuerzo colectivo del equipo para llegar a una estimación con la cual todos se sientan cómodos y comprometidos.

Es fundamental destacar que en Scrum y en equipos multidisciplinarios, la medición de la velocity se realiza a nivel del equipo en su conjunto. A diferencia de la medición individual, donde cada miembro es evaluado por separado, la velocity del equipo refleja el rendimiento colectivo y la capacidad del grupo para cumplir con los objetivos del sprint. La colaboración entre los miembros es esencial para lograr una velocity efectiva, donde todos contribuyen a la consecución de metas comunes.

A continuación, comparto el gráfico que suelo utilizar en la escala Fibonacci para las estimaciones, respaldando la transparencia y la claridad en el proceso de planificación.

Escala Fibonacci. (0, 1, 2, 3, 5, 8, 13, 21)

Story Point	Días de esfuerzo de trabajo
0.5	Medio día de trabajo
1	Un día de trabajo
2	
3	
5	1 Semana de Sprint
8	1 Sprint
13	Slicing de tarea

Coffe

En mi trayectoria profesional, he aprendido que la flexibilidad y la adaptabilidad son elementos fundamentales para el éxito de los squads. La capacidad de ajustar las ceremonias de acuerdo con las demandas específicas de cada proyecto y las dinámicas cambiantes del equipo ha demostrado ser crucial. Esta flexibilidad no solo ha facilitado una planificación efectiva, sino también una ejecución ágil de las tareas y una mejora continua del proceso.

La clave reside en reconocer que cada proyecto y equipo son únicos, con desafíos y requisitos distintos. Al personalizar las ceremonias, nos hemos asegurado de que se alineen de manera precisa con las necesidades particulares de cada contexto. Esto no solo ha fortalecido la colaboración y la comunicación dentro del equipo, sino que también ha permitido una adaptación constante a medida que surgían nuevos desafíos.

Esta aproximación dinámica ha impulsado la eficiencia operativa y ha contribuido a una entrega de valor consistente. La capacidad de ajustar nuestras prácticas ágiles en tiempo real, basándonos en la retroalimentación y la evolución del proyecto, ha sido esencial. La optimización continua del proceso se ha convertido en una filosofía arraigada en el trabajo diario, fomentando un entorno propicio para la innovación y la mejora constante.

En resumen, la flexibilidad, la adaptabilidad y la personalización de las ceremonias han sido los cimientos sobre los cuales construimos equipos de trabajo exitosos. Este enfoque centrado en la realidad de cada proyecto ha demostrado ser la clave para enfrentar desafíos, fomentar la eficiencia y garantizar una entrega de valor sostenible.

Este documento representa mi guía fundamental, la cual continúo perfeccionando hasta el día de hoy, aplicando un enfoque constante de mejora continua a la gestión de Scrum.

"La agilidad no reside en seguir un conjunto fijo de reglas, sino en la habilidad de adaptarnos constantemente, personalizando las ceremonias según las necesidades del proyecto y el dinamismo del equipo, construyendo así squads exitosos que priorizan la entrega de valor y la mejora continua del producto."

MHL

8
Capítulo

Futuro de Scrum y Tendencias

En lo que a mi respecta sobre desarrollos recientes dentro de esta metodología.

El futuro de Scrum promete seguir evolucionando y adaptándose a las cambiantes demandas del mundo empresarial y tecnológico. A medida que las organizaciones buscan maneras más efectivas de gestionar proyectos y equipos, Scrum se perfila como una metodología ágil clave que continuará ganando popularidad.

Tendencias y Desarrollos Recientes:

Integración con Otras Metodologías Ágiles: Scrum puede esperar una mayor integración con otras metodologías ágiles, como Kanban y Lean, para aprovechar las fortalezas combinadas de estas prácticas.

Escalado Ágil: Con el aumento en la adopción de Scrum en empresas más grandes, las soluciones para el escalado ágil serán fundamentales. Frameworks como SAFe (Scaled Agile Framework) y LeSS (Large Scale Scrum) ganarán importancia.

Enfoque en la Diversidad e Inclusión: Scrum se adaptará para abordar temas de diversidad e inclusión, reconociendo la importancia de tener equipos diversos para fomentar la innovación y la resolución creativa de problemas.

Mayor Automatización: Con avances tecnológicos continuos, la automatización de ciertos aspectos de Scrum, como la generación de informes y métricas, se volverá más prominente para liberar tiempo y recursos.

Enfoque en la Sostenibilidad: La sostenibilidad, no solo desde el punto de vista ambiental, sino también en términos de la capacidad del equipo para mantener un ritmo constante y saludable, será un tema central en el futuro de Scrum.

Mayor Integración con Herramientas Tecnológicas: La integración de Scrum con herramientas de gestión de proyectos, plataformas de colaboración y otras tecnologías será cada vez más fluida para facilitar la gestión y la comunicación del equipo.

Énfasis en la Formación Continua: Se espera que haya un mayor énfasis en la formación continua para los profesionales de Scrum, asegurando que estén actualizados con las últimas mejores prácticas y desarrollos en la metodología.

En resumen, el futuro de Scrum está marcado por una mayor flexibilidad, adaptabilidad y un enfoque holístico en la mejora continua. La metodología seguirá evolucionando para abordar los desafíos emergentes y aprovechar las oportunidades que ofrece el entorno empresarial en constante cambio.

Integración con Otras Metodologías Ágiles

Enfoques híbridos y complementarios.

La integración con otras metodologías ágiles se ha vuelto esencial en el paisaje de la gestión de proyectos moderna. Scrum, al adoptar un enfoque colaborativo y adaptable, se encuentra cada vez más integrado con metodologías híbridas y complementarias para optimizar la entrega de valor y la eficiencia del equipo.

Metodologías Híbridas:

Scrum ha demostrado ser altamente complementario a metodologías híbridas que combinan enfoques ágiles y tradicionales. Un ejemplo destacado es la integración de Scrum con prácticas de gestión de proyectos predictivas, permitiendo una mayor flexibilidad en la planificación y ejecución.

Kanban y Scrum:

La combinación de Scrum y Kanban es una práctica común. Mientras que Scrum se centra en iteraciones y planificación basada en tiempo, Kanban se centra en la gestión visual del flujo de trabajo. Juntos, ofrecen un enfoque equilibrado entre la entrega constante y la planificación estructurada.

Lean y Scrum:

La filosofía Lean, centrada en la eliminación de desperdicios y la mejora continua, se integra armoniosamente con Scrum. Juntos, permiten una gestión más eficiente de los recursos y una mayor capacidad para abordar cambios en los requisitos del proyecto.

Enfoques Complementarios:

Scrum se complementa con enfoques como DevOps, que abarca la colaboración continua entre desarrollo y operaciones. La implementación conjunta de Scrum y DevOps facilita la entrega rápida y confiable de productos.

Frameworks de Escalado Ágil:

Scrum se integra a menudo con frameworks de escalado ágil como SAFe, LeSS y Nexus para abordar desafíos en proyectos de mayor envergadura. Estos frameworks ofrecen pautas y prácticas para coordinar múltiples equipos Scrum en una empresa.

Prácticas Compartidas:

La integración con otras metodologías ágiles se basa en la identificación y adopción de prácticas compartidas. Por ejemplo, la colaboración estrecha con los usuarios finales, la retroalimentación continua y la mejora constante son principios que se aplican en diversas metodologías ágiles.

En resumen, la integración de Scrum con otras metodologías ágiles, ya sea de forma híbrida o complementaria, se traduce en equipos más adaptables, procesos más eficientes y una entrega de valor más alineada con las necesidades cambiantes del entorno empresarial.

9

Capítulo

Recursos y Herramientas

Lecturas Recomendadas: Libros, artículos y blogs.

Libros:

- **"The Lean Startup: How Today's Entrepreneurs Use Continuous Innovation to Create Radically Successful Businesses"** de Eric Ries: Aunque se centra en startups, ofrece principios ágiles aplicables a diversos contextos.
- **"Agile Estimating and Planning"** de Mike Cohn: Proporciona técnicas prácticas para la estimación y planificación ágil, aspectos fundamentales en Scrum.
- **"Sprint: How to Solve Big Problems and Test New Ideas in Just Five Days"** de Jake Knapp: Aunque no es específicamente sobre Scrum, ofrece un enfoque ágil para el diseño y resolución de problemas en un período corto.
- **"Kanban: Successful Evolutionary Change for Your Technology Business"** de David J. Anderson: Explora los principios de Kanban, que a menudo se integran con Scrum en enfoques ágiles híbridos.
- **"Coaching Agile Teams: A Companion for ScrumMasters, Agile Coaches, and Project Managers in Transition"** de Lyssa Adkins: Enfocado en el papel del coach ágil, proporciona perspectivas valiosas para liderar equipos ágiles.

- **"User Story Mapping: Discover the Whole Story, Build the Right Product"** de Jeff Patton: Se centra en técnicas para comprender y mapear historias de usuario, un aspecto clave en el desarrollo ágil.
- **"Agile Retrospectives: Making Good Teams Great"** de Esther Derby y Diana Larsen: Ofrece estrategias y actividades para realizar retrospectivas efectivas al final de cada iteración.
- **"Drive: The Surprising Truth About What Motivates Us"** de Daniel H. Pink: No es específicamente sobre Scrum, pero explora la motivación, un componente crucial en equipos ágiles.
- **"Scrum: The Art of Doing Twice the Work in Half the Time"** - Jeff Sutherland
- **"The Phoenix Project: A Novel About IT, DevOps, and Helping Your Business Win"** - Gene Kim, Kevin Behr, George Spafford
- **"Agile Estimating and Planning"** - Mike Cohn
- **"Lean Thinking: Banish Waste and Create Wealth in Your Corporation"** - James P. Womack, Daniel T. Jones
- **"Drive: The Surprising Truth About What Motivates Us"** - Daniel H. Pink

Artículos:

- **"The Scrum Guide"** - Ken Schwaber, Jeff Sutherland (disponible en Scrum.org)
- **"The Agile Manifesto"** - Manifesto for Agile Software Development (disponible en agilemanifesto.org)
- **"Kanban vs Scrum: What Are the Differences?"** - Henrik Kniberg (disponible en InfoQ)
- **"The New New Product Development Game"** - Hirotaka Takeuchi, Ikujiro Nonaka (disponible en Harvard Business Review)

- **"Scrum and XP from the Trenches"** - Henrik Kniberg (disponible en InfoQ)

Blogs:

- Scrum.org Blog
  Recursos de Scrum.org, que incluyen artículos sobre prácticas ágiles, eventos y tendencias.

- Scrum Alliance Blog

- Agile Alliance Blog
  Recursos proporcionados por la Agile Alliance, que cubren diversos temas relacionados con la agilidad.

- InfoQ Agile
  Artículos y noticias sobre desarrollo ágil en InfoQ.

- Harvard Business Review - Agile

Estas lecturas proporcionan una base sólida para comprender Scrum, metodologías ágiles, y prácticas relacionadas. Puedes explorar estos recursos para obtener información valiosa y mantenerte actualizado sobre las tendencias en gestión de proyectos y desarrollo de software.

Dejo un listado de 10 software más utilizados en las empresas para llevar a cabo la gestión y que facilitan la implementación de Scrum:

1. **Jira Software:** Una herramienta popular de gestión de proyectos que permite la planificación, seguimiento y lanzamiento de software con Scrum. Proporciona tableros ágiles, sprint planning y seguimiento de historias de usuario.
2. **Trello:** Una herramienta de gestión visual que utiliza tarjetas y tableros para organizar proyectos. Es fácil de usar y es eficaz para equipos pequeños que practican Scrum.
3. **Azure DevOps:** Anteriormente conocido como Visual Studio Team Services, proporciona un conjunto completo de herramientas para la gestión del ciclo de vida de las aplicaciones, incluyendo funciones ágiles y Scrum.
4. **VersionOne:** Una plataforma integral de gestión ágil que incluye planificación de sprints, seguimiento de historias de usuario y funciones de informes para equipos que practican Scrum.
5. **Scrumwise:** Herramienta específica para Scrum que facilita la planificación de sprints, la gestión de historias de usuario y la realización de seguimientos de progreso.
6. **Monday.com:** Una plataforma de trabajo en equipo que permite la colaboración y gestión de proyectos. Es personalizable para adaptarse a metodologías ágiles como Scrum.
7. **Confluence:** Un sistema de colaboración que integra

con Jira y permite la creación y compartición de documentación, lo que puede ser útil para mantener un registro de decisiones y planes.

8. **Asana:** Una herramienta de gestión de proyectos y tareas que puede ser adaptada para seguir los principios de Scrum, especialmente para equipos que buscan una solución simple.

9. **GitLab:** Una plataforma de desarrollo que integra gestión de repositorios de código con características ágiles, como tableros y planificación de sprints.

10. **Targetprocess:** Proporciona una solución integral para la gestión ágil, que incluye herramientas para la planificación, seguimiento y reporting.

10

Capítulo

Conclusión

Reflexiones Finales

Resumen de Conceptos Clave en Scrum:

Scrum:

Scrum es un marco ágil que se utiliza para la gestión de proyectos y el desarrollo de productos. Se basa en principios iterativos e incrementales, permitiendo la adaptabilidad y flexibilidad en entornos cambiantes.

Roles Principales:

Scrum Master:

- Responsable de facilitar el proceso Scrum.

- Elimina obstáculos y fomenta la colaboración.

- Garantiza la adhesión a los principios y prácticas de Scrum.

Product Owner:

- Representa las necesidades del cliente.

- Define y prioriza el backlog del producto.

- Toma decisiones para maximizar el valor

entregado.

Technical Leader:

- Proporciona dirección y liderazgo en aspectos técnicos, guiando decisiones relacionadas con arquitectura, diseño y tecnologías.

- Facilita la comunicación entre el equipo de desarrollo, asegurando la alineación de los objetivos técnicos con los del producto.

- Brinda mentoría para el desarrollo del equipo, garantiza la calidad del código y contribuye a la resolución de desafíos técnicos.

Development Team:

- Grupo de profesionales multifuncionales.

- Responsable de entregar incrementos de producto.

- Autoorganizado y comprometido con el éxito del sprint.

Ceremonias de Scrum:

Sprint Planning:

- Reunión para planificar las actividades del sprint.

- Define el objetivo del sprint y selecciona tareas del backlog.

Daily Scrum:

Reunión diaria de 15 minutos.

Actualización sobre el progreso y planificación para el día.

Refinamiento:

Reunión dos veces por semana.

Se refinan tareas y estimas para planificar el backlog junto con Product Owner y el Scrum Master..

Sprint Review/Demo:

Revisión del trabajo completado al final del sprint.

Colaboración con stakeholders para obtener feedback.

Sprint Retrospective:

Reflexión sobre el sprint recién concluido.

Identificación de mejoras para futuros sprints.

Artefactos de Scrum:

Product Backlog:

- Lista priorizada de características y requisitos.

- Gestionado por el Product Owner.

Sprint Backlog:

- Conjunto de elementos seleccionados para el sprint.

- Gestionado por el equipo de desarrollo.

Incremento del Producto:

- Producto potencialmente entregable al final del sprint.

Valores de Scrum:

Compromiso, coraje, enfoque, apertura y respeto. Estos valores guían la interacción y colaboración efectiva dentro del equipo Scrum.

Métricas y Mejora Continua:

Scrum promueve la medición del éxito a través de métricas como Velocity y Burndown Charts. La mejora continua es esencial para adaptarse y evolucionar.

Desafíos Comunes y Roles Específicos:

Los Scrum Masters enfrentan desafíos como la rotación de personal, mientras que los Product Owners definen y priorizan el backlog. El Development Team, por su parte, se enfoca en la definición, capacidad y conformación del equipo.

Futuro de Scrum:

Scrum se mantiene relevante con tendencias emergentes y el futuro de Scrum se presenta prometedor y se adapta a las tendencias emergentes en el ámbito ágil. La metodología Scrum ha demostrado su capacidad para evolucionar y mantenerse relevante en un entorno empresarial dinámico. Una de las principales tendencias es la integración de Scrum con otras metodologías ágiles, permitiendo un enfoque híbrido que aborda desafíos específicos de manera más efectiva.

La flexibilidad inherente a Scrum se alinea con la necesidad de adaptarse rápidamente a los cambios en los requisitos del mercado y las expectativas de los clientes. Además, la colaboración y la comunicación continua, características fundamentales de Scrum, se vuelven aún más cruciales en entornos empresariales cambiantes y colaborativos.

La integración con otras metodologías ágiles proporciona a los equipos la capacidad de seleccionar y combinar prácticas que mejor se adapten a sus necesidades específicas. Este enfoque híbrido no solo permite la mejora continua, sino que también aborda de manera más efectiva los desafíos únicos que pueden surgir en diferentes contextos empresariales.

En resumen, el futuro de Scrum se vislumbra como una evolución continua, adaptándose a las demandas cambiantes del entorno empresarial y manteniendo su relevancia al integrarse de manera armoniosa con otras metodologías ágiles. La capacidad de Scrum para ofrecer flexibilidad, colaboración y mejora continua lo posiciona como un marco ágil y sólido para abordar los desafíos futuros en el desarrollo de productos y proyectos.

Scrum ofrece un marco ágil y robusto, centrado en la colaboración, adaptabilidad y entrega incremental de valor, lo que lo convierte en una elección efectiva para equipos de desarrollo en constante evolución.

Acerca del autor.

El autor de este libro, Max H Lucca, es un experimentado profesional con una carrera que abarca dos décadas en la gestión de equipos de tecnología de la información (IT) como Scrum Master, Delivery Manager, It Project Manager. Su trayectoria como emprendedor y su trabajo con diversas empresas en la gestión de la transformación, dirección de proyectos tecnológicos y la aplicación de nuevas metodologías lo han convertido en un referente en su campo. Durante su carrera, ha participado en proyectos en una variedad de sectores, desde retailers hasta bancos y moda. Ha liderado la implementación de nuevos desarrollos, la creación de soluciones innovadoras y la mejora de las comunicaciones internas y externas.

Lo que lo distingue es su capacidad para gestionar proyectos de todas las dimensiones y su habilidad para introducir cambios radicales en la construcción de equipos de trabajo. Ha sido un impulsor incansable de la creación de células autosuficientes y altamente dinámicas, lo que ha llevado a una reducción significativa en los tiempos de entrega de objetivos. Su enfoque también se ha centrado en cambiar la mentalidad de los equipos para que estén más orientados a agregar valor al producto y al cliente.

A lo largo de su carrera, Max ha sido un estudioso y autodidacta en la gestión empresarial, estudiando y analizando cada caso en cada empresa y proyecto. Ha demostrado una capacidad única para adaptar metodologías a las necesidades específicas de cada organización y equipo de trabajo. La cultura de la comunicación ha sido una constante en su enfoque, permitiéndole transformar la forma en que se trabaja en las organizaciones y mejorar continuamente los procesos y la colaboración.

Los conocimientos adquiridos por Max a lo largo de su carrera se han aplicado de manera práctica y efectiva en cada proyecto, lo que ha llevado a perfeccionar sus métodos y enfoques día a día.

Este libro es el resultado de su experiencia y esfuerzo continuo para compartir sus conocimientos y ayudar a otras organizaciones a lograr cambios significativos en sus estructuras empresariales. A través de este libro, Max busca destacar la importancia de la transformación organizacional para obtener resultados diferentes, añadir un mayor valor, reducir tiempos y costos, y alcanzar el éxito en un mundo empresarial en constante evolución. Su historia es una fuente de inspiración y aprendizaje para todos aquellos interesados en liderar el cambio y la innovación en sus propias organizaciones.

Hoja de ruta:
In: www.linkedin.com/in/maxilucca

Max H Lucca

Dentro de la lectura y guía práctica, más libros sobre este autor:

1. El cambio en la gestión empresarial.
2. La organización de equipos multidisciplinarios.
3. Comunicación Efectiva en Organizaciones Modernas: Del Caos a la Claridad.
4. Black Book of Scrum. La guía definitiva.

Leaderships Evolves

by Max H Lucca

www.ingramcontent.com/pod-product-compliance
Lightning Source LLC
Chambersburg PA
CBHW072308290526
45794CB00002B/571